AF331025

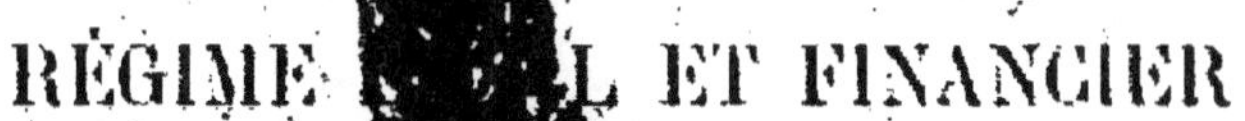

RÉGIME LÉGAL ET FINANCIER

DES

ASSOCIATIONS SYNDICALES

Suivant les lois des 21 juin 1865, 20 août 1881 et 22 décembre 1888

ÉTUDE PRATIQUE

DESTINÉE AUX MAIRES

CONSEILLERS DE PRÉFECTURE, INGÉNIEURS DES PONTS ET CHAUSSÉES

SYNDICS-DIRECTEURS

SECRÉTAIRES ET RECEVEURS DES ASSOCIATIONS SYNDICALES

Par ALFRED AUBERT

PUBLICISTE-AVOCAT

ANCIEN SECRÉTAIRE PARTICULIER DE M. LE PRÉFET DE LA SEINE, ANCIEN MAGISTRAT
LICENCIÉ ÈS LETTRES ET EN DROIT, OFFICIER D'ACADÉMIE

LIBRAIRIE ADMINISTRATIVE BERGER-LEVRAULT ET Cie

PARIS   NANCY

5, RUE DES BEAUX-ARTS   18, RUE DES GLACIS

1893

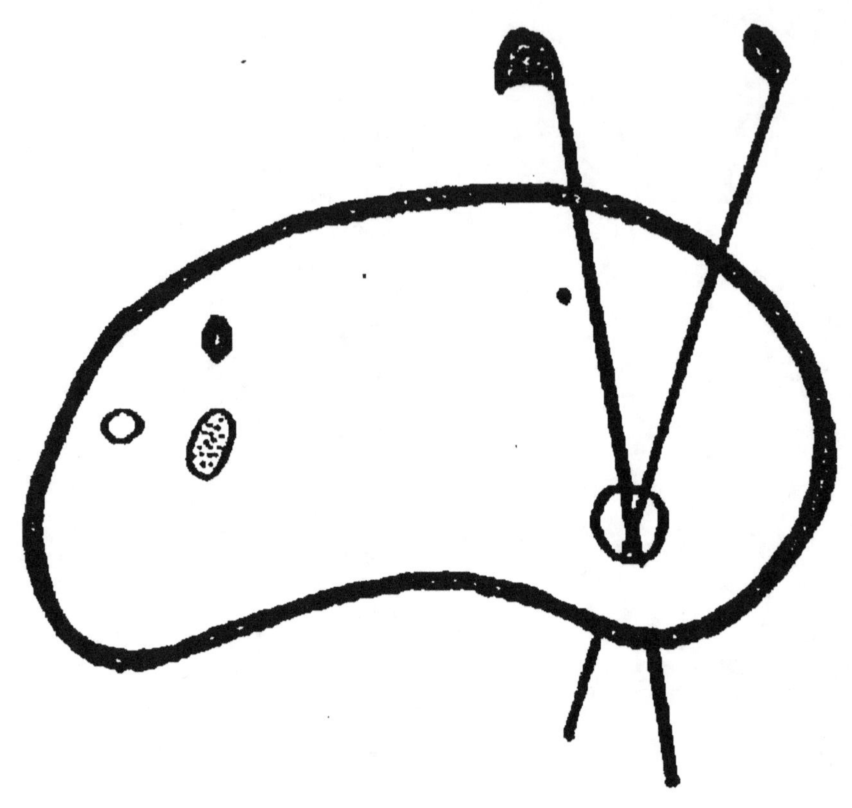

FIN D'UNE SERIE DE DOCUMENTS
EN COULEUR

RÉGIME LÉGAL ET FINANCIER

DES

ASSOCIATIONS SYNDICALES

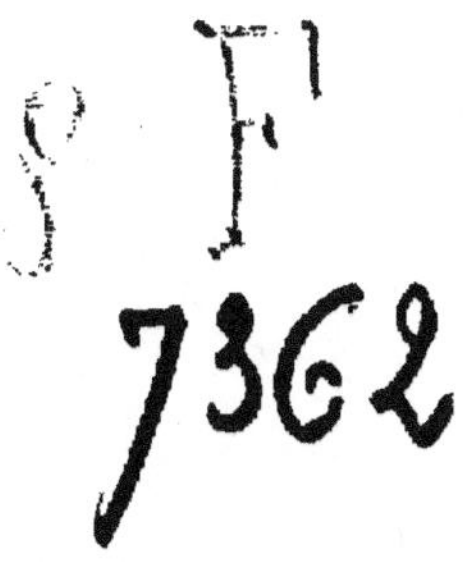

Nancy, Imprimerie Berger-Levrault et Cie.

RÉGIME LÉGAL ET FINANCIER

DES

ASSOCIATIONS SYNDICALES

Suivant les lois des 21 juin 1865, 20 août 1881 et 22 décembre 1888

ÉTUDE PRATIQUE

DESTINÉE AUX MAIRES

CONSEILLERS DE PRÉFECTURE, INGÉNIEURS DES PONTS ET CHAUSSÉES

SYNDICS-DIRECTEURS

SECRÉTAIRES ET RECEVEURS DES ASSOCIATIONS SYNDICALES

Par ALFRED AUBERT

PERCEPTEUR RECEVEUR

ANCIEN SECRÉTAIRE PARTICULIER DU PRÉFET DE LA SEINE, ANCIEN SOUS-PRÉFET

LICENCIÉ ÈS LETTRES ET EN DROIT, OFFICIER D'ACADÉMIE

LIBRAIRIE ADMINISTRATIVE BERGER-LEVRAULT ET Cie

PARIS	NANCY
5, RUE DES BEAUX-ARTS	18, RUE DES GLACIS

1893

A

Monsieur Edmond ROBERT

PRÉFET DE L'ISÈRE

ET

Monsieur PANCKOUCKE

TRÉSORIER-PAYEUR GÉNÉRAL

Hommage respectueux et reconnaissant.

A. AUBERT.

PRÉFACE

Ce livre n'est pas un ouvrage de haute doctrine ; l'auteur a essayé simplement de réunir sous une forme élémentaire et pratique la plupart des renseignements que les membres des associations syndicales ont intérêt à connaître. L'idée lui en a été suggérée par les difficultés auxquelles a été en butte, pendant longtemps, l'important syndicat du Bas-Grésivaudan dont il est le receveur central.

Sans doute, les hommes dévoués qui sont appelés à faire partie des commissions syndicales y apportent le vif désir d'exercer un contrôle vigilant sur les affaires de l'association et d'y consacrer tous leurs soins ; mais beaucoup d'entre eux, faute d'être familiarisés avec les questions abstraites de procédure et de compétence administratives, se heurtent à des obstacles qui les découragent très vite.

D'autre part, les comptables, trésoriers des

syndicats, sont souvent obligés de se référer à des dispositions de lois, instructions et circulaires, éparses dans des publications spéciales, qu'il leur est difficile de se procurer.

C'est pour faciliter la tâche de nos collègues, pour éclairer les contribuables sur leurs droits, et les syndics sur leurs attributions et leurs pouvoirs, que nous publions cette étude. Destinée à toutes les personnes qui, de près ou de loin, touchent à l'administration des syndicats, notamment aux maires, aux fonctionnaires des finances et aux ingénieurs des ponts et chaussées, il nous a paru qu'elle pourrait n'être pas inutile non plus aux conseillers de préfecture, qui ont à connaître des contestations et litiges relatifs à ces associations.

Nous serions heureux si nous réussissions à faire profiter tous les intéressés de nos recherches sur des questions aussi importantes que généralement peu connues.

A. A.

RÉGIME LÉGAL ET FINANCIER

DES

ASSOCIATIONS SYNDICALES

PREMIÈRE PARTIE

ORIGINES DES ASSOCIATIONS SYNDICALES.

Objet des associations syndicales ; aperçu historique.

Ceux qui possèdent la terre seraient souvent incapables de l'améliorer et de repousser les dangers de destruction qui la menacent, s'ils étaient réduits à leurs seules forces. Isolés, ils resteraient impuissants. Mais leurs moyens d'action sont augmentés à l'infini par l'application du principe d'association.

Qu'il s'agisse de défendre le sol, de le rendre plus productif ou de l'assainir lorsqu'il est devenu insalubre par suite de la stagnation des eaux ; qu'on veuille le faire profiter des bienfaits de l'irrigation ou du colmatage, il sera nécessaire d'unir dans la même entreprise toutes les ressources et tous les efforts individuels.

Grouper les propriétaires en vue de travaux d'utilité collective, tel est précisément l'objet des *associations syndicales*.

On les a appelées ainsi parce que leurs mandataires ont conservé le nom de syndic, du grec συνδικος, défenseur, qui s'appliquait autrefois en France aux représentants des municipalités.

L'origine de ces sociétés remonte au moyen âge. Les communautés d'arrosants du Roussillon et de la Cerdagne se fondèrent sous l'empire de la législation des Visigoths et des Arabes. Pendant la période de la féodalité les campagnes étaient ravagées fréquemment par des bandes armées et les récoltes qui échappaient aux pillards étaient emportées le plus souvent par le débordement des rivières et des fleuves. C'est dans un but de défense agricole que se formèrent les premiers syndicats, favorisés par l'affranchissement des communes sous l'administration du sage Suger.

Les Wateringues du Nord datent de 1169. Par

leurs soins une partie considérable du territoire de Dunkerque fut assainie et mise à l'abri des inondations de la mer. Les œuvres d'Arles et de Craponne poursuivirent l'endiguement du Rhône et de la Durance et sillonnèrent de canaux la Provence et le Comtat d'Avignon.

Plus tard, en vertu des édits d'Henri IV, de 1599 et 1607, de nombreuses associations pour le desséchement des marais furent créées dans le Poitou, l'Aunis et la Saintonge.

Législation antérieure à 1865.

Sous l'ancienne monarchie, les rapports des associés étaient réglés très imparfaitement par des chartes de concessions, par des édits et des arrêts spéciaux. Le conseil du roi, les parlements et les intendants avaient en la matière un pouvoir presque absolu. On constatait à peine l'adhésion des intéressés ; l'organisation et le mode de fonctionnement de la société étaient fixés d'après des règles qui variaient avec les circonstances.

La Révolution de 1789 essaya de constituer une législation nouvelle. Au sein de l'Assemblée constituante, le comité des domaines, de l'agriculture et du commerce fut chargé de cette mission ; il en résulta la loi en forme d'instruction

des 12 et 20 août 1790, qui confiait aux administrations de département le soin de prendre les
mesures nécessaires pour assurer le libre cours
des eaux « et les diriger vers un but d'utilité générale, d'après les principes de l'irrigation ».
(Loi des 12 et 20 août 1790, chapitre VI, Écoulement des eaux.)

Une autre loi, des 28 septembre et 6 octobre
1791, reconnut le droit des propriétaires rive-
rains d'un fleuve ou d'une rivière navigable et
flottable de faire des prises d'eau « sans néanmoins en détourner ni embarrasser le cours d'une
manière nuisible au bien général et à la navigation établie ».

La loi du 4 pluviôse an VI autorisa les propriétaires des marais desséchés « à se réunir pour
l'entretien de leurs desséchements et pour délibérer sur leurs intérêts communs ». Elle déclara
ensuite que leurs délibérations, prises à la majorité des suffrages, seraient rendues exécutoires
et homologuées par l'administration du département.

Texte de la loi du 4 pluviôse an VI.

Art. 1er. — Les propriétaires des marais desséchés,
situés dans les départements de la Vendée, des Deux-

Sèvres et de la Charente-Inférieure, connus sous le nom de desséchements des anciennes provinces d'Aunis, Poitou et Saintonge et tous autres propriétaires de marais desséchés, sont autorisés à se réunir pour l'entretien de leurs desséchements et pour délibérer sur leurs intérêts communs.

Art. 2. — Ils sont tenus de prévenir l'administration municipale de canton et celle de département, du jour et du lieu de leur assemblée et de son objet.

Art. 3. — Lorsque la nation aura quelque intérêt dans les desséchements ou défrichements, elle sera toujours représentée dans ladite assemblée par un commissaire nommé par l'administration centrale, qui sera chargé de stipuler l'intérêt de la nation.

Art. 4. — Les délibérations ou arrêtés des sociétaires ne pourront être rendus exécutoires, s'ils ne sont pris à la majorité des suffrages et homologués par l'administration du département.

Art. 5. — Les agents, syndics ou directeurs desdites sociétés sont autorisés, d'après cette homologation, à poursuivre en leurs noms l'exécution des délibérations devant tous les juges et tribunaux compétents, faire faire des commandements aux intéressés pour l'entretien des desséchements et défrichements, sauf l'opposition ou l'appel, qui ne pourra suspendre l'exécution provisoire.

En vertu de la loi du 14 floréal a.. XI, l'autorité administrative a le droit, dans un intérêt de salubrité publique, de prescrire l'exécution des travaux relatifs au curage des cours d'eau non navigables ni flottables et à l'entretien des digues et ouvrages d'art qui y correspondent et de faire contribuer à la dépense les propriétaires intéressés. Elle peut les constituer en association forcée, dont elle nomme le syndicat, c'est-à-dire l'organe exécutif.

Texte de la loi du 14 floréal an XI, *relative au curage des canaux et rivières non navigables et à l'entretien des digues qui y correspondent.*

Art. 1er. — Il sera pourvu au curage des canaux et rivières non navigables et à l'entretien des digues et ouvrages d'art qui y correspondent, de la manière prescrite par les anciens règlements ou d'après les usages locaux.

Art. 2. — Lorsque l'application des règlements ou l'exécution du mode consacré par l'usage éprouvera des difficultés, ou lorsque des changements survenus exigeront des dispositions nouvelles, il y sera pourvu par le Gouvernement dans un règlement d'administration publique, rendu sur la proposition du préfet, de manière que la quotité de la contribution de chaque imposé soit toujours relative au degré d'intérêt qu'il aura aux travaux qui devront s'effectuer.

Art. 3. — Les rôles de répartition des sommes nécessaires au paiement des travaux d'entretien, réparation ou reconstruction, seront dressés sous la surveillance du préfet, rendus exécutoires par lui et le recouvrement s'en opérera de la même manière que celui des contributions publiques.

Art. 4. — Toutes les contestations relatives au recouvrement de ces rôles, aux réclamations des individus imposés et à la confection des travaux seront portées devant le conseil de préfecture, sauf le recours au Gouvernement qui décidera en Conseil d'État.

Enfin la loi du 16 septembre 1807 renferme des dispositions d'une application générale. Elle donne à l'administration le droit d'exécuter des travaux de défense contre les eaux et de faire contribuer les propriétaires aux dépenses qu'ils nécessitent. Elle constitue en outre une commission dont les membres sont choisis parmi eux et qui prend part aux opérations destinées à fixer la contribution qui sera demandée à chacun. En voici d'ailleurs le texte :

Loi du 16 septembre 1807, *relative au desséchement des marais, etc.*

(Ont été omis les articles qui ne concernent pas directement le desséchement des marais et les travaux de salubrité.)

Titre I. — *Desséchement des marais.*

Art. 1er. — La propriété des marais est soumise à des règles particulières. Le Gouvernement ordonnera les desséchements qu'il jugera utiles ou nécessaires.

Art. 2. — Les dessèchements des marais seront exécutés par l'État ou par des concessionnaires.

Art. 3. — Lorsqu'un marais appartiendra à un seul propriétaire ou lorsque tous les propriétaires seront réunis, la concession du dessèchement leur sera toujours accordée, s'ils se soumettent à l'exécuter dans les délais fixés et conformément aux plans adoptés par le Gouvernement.

Art. 4. — Lorsqu'un marais appartiendra à un propriétaire ou à une réunion de propriétaires qui ne se soumettront pas à dessécher dans les délais et selon les plans adoptés, ou qui n'exécuteront pas les conditions auxquelles ils se seront soumis ; lorsque les propriétaires ne se seront pas tous réunis ; lorsque parmi lesdits propriétaires il y aura une ou plusieurs communes, la concession du dessèchement aura lieu en faveur des concessionnaires dont la soumission sera jugée la plus avantageuse par le Gouvernement ; celles qui seraient faites par des communes propriétaires, ou par un certain nombre de propriétaires réunis, seront préférées à conditions égales.

Art. 5. — Les concessions seront faites par des décrets rendus en Conseil d'État, sur des plans levés ou sur des plans vérifiés et approuvés par les ingénieurs des ponts et chaussées, aux conditions prescrites par la présente loi, aux conditions qui seront établies par les règlements généraux à intervenir, et aux charges qui seront fixées à raison des circonstances locales.

Art. 6. — Les plans seront levés, vérifiés et approuvés aux frais des entrepreneurs du dessèchement : si

ceux qui auront fait la première soumission et fait lever
ou vérifier les plans ne demeurent pas concessionnaires,
ils seront remboursés par ceux auxquels la concession
sera définitivement accordée. Le plan général du marais comprendra tous les terrains qui seront présumés
devoir profiter du desséchement. Chaque propriété y
sera distinguée et son étendue exactement circonscrite.
Au plan général seront joints tous les profils et nivelle-
ments nécessaires ; ils seront le plus possible exprimés
sur le plan par des cotes particulières.

Titre II. — *Fixation de l'étendue, de l'espèce et de la
valeur estimative des marais avant le desséchement.*

Art. 7. — Lorsque le Gouvernement fera un desséchement ou lorsque la concession aura été accordée, il
sera formé entre les propriétaires un syndicat à l'effet
de nommer les experts qui devront procéder aux estimations statuées par la présente loi. Des syndics seront
nommés par le préfet ; ils seront pris parmi les propriétaires les plus imposés à raison des marais à dessécher. Les syndics seront au moins au nombre de trois
et, au plus, au nombre de neuf, ce qui sera déterminé
dans l'acte de concession.

Art. 8. — Les syndics réunis nommeront et présenteront un expert au préfet du département. Les concessionnaires en présenteront un autre ; le préfet nommera
un tiers expert. Si le desséchement est fait par l'État,
le préfet nommera le second expert et le tiers expert
sera nommé par le ministre de l'intérieur.

Art. 9. — Les terrains des marais seront divisés en

plusieurs classes dont le nombre n'excédera pas dix et ne pourra être au-dessous de cinq ; ces classes seront formées d'après les divers degrés d'inondation. Lorsque la valeur des différentes parties du marais éprouvera d'autres variations que celles provenant des divers degrés de submersion, et, dans ce cas seulement, les classes seront formées sans égard à ces divers degrés et toujours de manière à ce que les terres de même valeur présumée soient dans la même classe.

Art. 10. — Le périmètre des diverses classes sera tracé sur le plan cadastral, qui aura servi de base à l'entreprise. Ce tracé sera fait par les ingénieurs et les experts réunis.

Art. 11. — Le plan ainsi préparé, sera soumis à l'approbation du préfet ; il restera déposé au secrétariat de la préfecture pendant un mois; les parties intéressées seront invitées, par affiches, à prendre connaissance du plan, à fournir leurs observations sur son exactitude, sur l'étendue donnée aux limites jusqu'auxquelles se feront sentir les effets du desséchement et enfin sur le classement des terres.

Art. 12. — Le préfet après avoir reçu ces observations, celles en réponse des entrepreneurs du desséchement, celles des ingénieurs et des experts, pourra ordonner les vérifications qu'il jugera convenables. Dans le cas où, après vérification, les parties intéressées persisteraient dans leurs plaintes, les questions seront portées devant la commission constituée par le titre X de la présente loi.

Art. 13. — Lorsque les plans auront été définitivement arrêtés, les deux experts nommés par les propriétaires et les entrepreneurs du desséchement se rendront sur les lieux et après avoir recueilli tous les renseignements nécessaires, ils procéderont à l'appréciation de chacune des classes composant le marais, eu égard à sa valeur réelle au moment de l'estimation considérée dans son état de marais, et sans pouvoir s'occuper d'une estimation détaillée par propriété. Les experts procéderont en présence du tiers expert qui les départagera, s'ils ne peuvent s'accorder.

Art. 14. — Le procès-verbal d'estimation par classe sera déposé pendant un mois à la préfecture. Les intéressés en seront prévenus par affiches, et, s'il survient des réclamations, elles seront jugées par la commission. Dans tous les cas, l'estimation sera soumise à ladite commission pour être jugée et homologuée par elle ; elle pourra décider outre et contre l'avis des experts.

Art. 15. — Dès que l'estimation aura été définitivement arrêtée, les travaux de desséchement seront commencés ; ils seront poursuivis et terminés dans les délais fixés par l'acte de concession, sous les peines portées audit acte.

TITRE III. — *Des marais pendant le cours des travaux de desséchement.*

Art. 16. — Lorsque, d'après l'étendue des marais ou la difficulté des travaux, le desséchement ne pourra être opéré dans trois ans, l'acte de concession pourra attribuer aux entrepreneurs du desséchement une portion en deniers, du produit des fonds qui auront les premiers profité des travaux de desséchement. Les contestations relatives à l'exécution de cette clause de l'acte de concession seront portées devant la commission.

Titre IV. — *Des marais après le desséchement et de l'estimation de leur valeur.*

Art. 17. — Lorsque les travaux prescrits par l'État ou par l'acte de concession seront terminés, il sera procédé à leur vérification et réception. En cas de réclamations elles seront portées devant la commission qui les jugera.

Art. 18. — Dès que la reconnaissance des travaux aura été approuvée, les experts respectivement nommés par les propriétaires et par les entrepreneurs du desséchement et accompagnés du tiers expert, procéderont, de concert avec les ingénieurs, à une classification des fonds desséchés, suivant leur valeur nouvelle et l'espèce de culture dont ils seront devenus susceptibles. Cette classification sera vérifiée, arrêtée, suivie d'une estimation, le tout dans les mêmes formes ci-dessus prescrites pour la classification et l'estimation des marais avant le desséchement.

Titre V. — *Règle pour le paiement des indemnités dues par les propriétaires en cas de dépossession.*

Art. 19. — Dès que l'estimation des fonds desséchés aura été arrêtée, les entrepreneurs du desséchement présenteront à la commission un rôle contenant : 1° le nom des propriétaires ; 2° l'étendue de leur propriété ; 3° les

classes dans lesquelles elle se trouve placée, le tout re
levé sur le plan cadastral ; 4° l'énonciation de la première estimation calculée à raison de l'étendue et des
classes ; 5° le montant de la valeur nouvelle de la propriété depuis le desséchement, réglée par la seconde estimation et le second classement ; 6° enfin la différence
entre les deux estimations. S'il reste dans le marais des
portions qui n'auront pu être desséchées, elles ne donneront lieu à aucune prétention de la part des entrepreneurs du desséchement.

Art. 20. — Le montant de la plus-value obtenue par
le desséchement sera divisé entre le propriétaire et le
concessionnaire dans les proportions qui auront été
fixées par l'acte de concession. Lorsqu'un desséchement
sera fait par l'État, sa portion dans la plus-value sera
fixée de manière à le rembourser de toutes ses dépenses.
Le rôle des indemnités sur la plus-value sera arrêté par
la commission et rendu exécutoire par le préfet.

Art. 21. — Les propriétaires auront la faculté de se
libérer de l'indemnité par eux due, en délaissant une
portion relative de fonds calculée sur le pied de la dernière estimation ; dans ce cas, il n'y aura lieu qu'au
droit fixe de un franc pour l'enregistrement de l'acte de
mutation de propriété.

Art. 22. — Si les propriétaires ne veulent pas délaisser des fonds en nature, ils constitueront une rente sur
le pied de 4 p. 100 sans retenue ; le capital de cette
rente sera toujours remboursable, même par portions.
qui, cependant, ne pourront être moindres d'un dixième
et moyennant vingt-cinq capitaux.

Art. 23. — Les indemnités dues aux concessionnaires ou au Gouvernement à raison de la plus-value résultant des desséchements, auront privilège sur toute ladite plus-value, à la charge seulement de faire transcrire l'acte de concession ou le décret qui ordonnera le desséchement au compte de l'État, dans le bureau ou dans les bureaux des hypothèques de l'arrondissement ou des arrondissements de la situation des marais desséchés. L'hypothèque de tout individu inscrit avant le desséchement sera restreinte, au moyen de la transcription ci-dessus ordonnée, sur une portion de propriété égale en valeur à sa première valeur estimative des terrains desséchés.

Art. 24. — Dans le cas où le desséchement d'un marais ne pourrait être opéré par les moyens ci-dessus organisés, et où, soit par les obstacles de la nature, soit par des oppositions persévérantes des propriétaires, on ne pourrait parvenir au desséchement, le propriétaire ou les propriétaires de la totalité des marais pourront être contraints à délaisser leurs propriétés, sur estimation faite dans les formes déjà prescrites. Cette estimation sera soumise au jugement et à l'homologation d'une commission formée à cet effet et la cession sera ordonnée sur le rapport du ministre de l'intérieur par un règlement d'administration publique.

TITRE VI. — *De la conservation des travaux de desséchement.*

Art. 25. — Dans le cours des travaux de desséchement, les canaux, fossés, rigoles, digues et autres ouvrages, seront gardés et entretenus aux frais des entrepreneurs de desséchement.

Art. 26. — A compter de la réception des travaux, l'entretien et la garde seront à la charge des propriétaires, tant anciens que nouveaux. Les syndics déjà nommés, auxquels le préfet pourra en adjoindre deux ou quatre, pris parmi les nouveaux propriétaires, proposeront au préfet des règlements d'administration publique, qui fixeront le genre et l'étendue des contributions nécessaires pour subvenir aux dépenses. La commission donnera son avis sur ces projets de règlement, et, en les adressant au ministre, proposera aussi la création d'une administration composée de propriétaires, qui devra faire exécuter les travaux ; il sera statué sur le tout en Conseil d'État.

Art. 27. — La conservation des travaux de desséchement, celle des digues contre les torrents, rivières et fleuves et sur les bords des lacs et de la mer, est commise à l'administration publique. Toutes réparations et dommages seront poursuivis par voie administrative comme pour les objets de grande voirie. Les délits seront poursuivis par les voies ordinaires, soit devant les tribunaux de police correctionnelle, soit devant les cours criminelles, en raison des cas.

Titre VII. — (Art. 28 à 37.)

. . . .

Titre VIII. — (Art. 38 à 40.)

. . . .

Titre IX. — (Art. 41.)

. . . .

Titre X. — *De l'organisation et des attributions des commissions spéciales.*

Art. 42. — Lorsqu'il s'agira d'un desséchement de marais ou d'autres ouvrages déjà énoncés en la présente loi et pour lesquels l'intervention d'une commission spéciale est indiquée, cette commission sera établie ainsi qu'il suit :

Art. 43. — Elle sera composée de sept commissaires ; leurs avis ou leurs décisions seront motivées ; ils devront pour les prononcer être au moins au nombre de cinq.

Art. 44. — Les commissaires seront pris parmi les personnes qui seront présumées avoir le plus de connaissances relatives soit aux localités, soit aux divers objets sur lesquels ils auront à se prononcer. Ils seront nommés par l'Empereur.

Art. 45. — Les formes de la réunion des membres de la commission, la fixation des époques de ses séances et des lieux où elles seront tenues, les règles pour la présidence, le secrétariat et la garde des papiers, les frais qu'entraîneront ces opérations et enfin tout ce qui concerne son organisation, seront déterminés, dans chaque cas, par un règlement d'administration publique.

Art. 46. — Les commissions spéciales connaîtront de tout ce qui est relatif au classement des diverses propriétés avant ou après le desséchement des marais, à leur estimation, à la vérification de l'exactitude des plans cadastraux, à l'exécution des clauses des actes de concession relatifs à la jouissance par les concessionnaires d'une portion des produits, à la vérification et à

la réception des travaux de desséchement, à la formation et à la vérification du rôle de plus-value des terres
après le desséchement ; elles donneront leur avis sur
l'organisation du mode d'entretien des travaux de desséchement ; elles arrêteront les estimations dans le cas
prévu par l'article 24 où le Gouvernement aurait à dé-
posséder tous les propriétaires d'un marais ; elles connaîtront des mêmes objets lorsqu'il s'agira de fixer la
valeur des propriétés avant l'exécution des travaux d'un
autre genre, comme routes, canaux, digues, ponts, rues,
etc., et après l'exécution desdits travaux et lorsqu'il
sera question de fixer la plus-value.

Art. 47. — Elles ne pourront, en aucun cas, juger
les questions de propriété, sur lesquelles il sera prononcé
par les tribunaux ordinaires, sans que, dans aucun cas,
les opérations relatives aux travaux ou l'exécution des
décisions de la commission puissent être retardées ou
suspendues.

Titre XI. — *Des indemnités aux propriétaires pour
occupations de terrains.*

Art. 48. — Lorsque pour exécuter un desséchement,
l'ouverture d'une nouvelle navigation, un pont, il sera
question de supprimer des moulins et autres usines, de
les déplacer, modifier ou de réduire l'élévation de leurs
eaux, la nécessité en sera constatée par les ingénieurs
des ponts et chaussées. Le prix de l'estimation sera payé
par l'État, lorsqu'il entreprend les travaux ; lorsqu'ils
sont entrepris par des concessionnaires, le prix de l'esti-

mation sera payé avant qu'ils puissent faire cesser le travail des moulins et usines.

Il sera d'abord examiné si l'établissement des moulins et usines est légal, ou si le titre d'établissement ne soumet pas les propriétaires à voir démolir leur établissement sans indemnité, si l'utilité publique le requiert.

Art. 49. — Les terrains nécessaires pour l'ouverture des canaux et rigoles de desséchement, des canaux de navigation, de routes, de rues, la formation de places et autres travaux reconnus d'utilité générale seront payés à leurs propriétaires, et à dire d'experts, d'après leur valeur, avant l'entreprise des travaux et sans nulle augmentation du prix d'estimation.

Art. 50 à 55. — . . . .

Art. 56. — Les experts, pour l'évaluation des indemnités relatives à une occupation de terrain, dans les cas prévus au présent titre, seront nommés, pour les travaux de grande voirie, l'un, par le propriétaire, l'autre par le préfet et le tiers expert, s'il en est besoin, sera de droit l'ingénieur en chef du département ; lorsqu'il y aura des concessionnaires, un expert sera nommé par le propriétaire, un par le concessionnaire et le tiers expert par le préfet.

Art. 57. — . . . .

TITRE XII. — *Dispositions générales.*

Art. 58. — Les indemnités pour plus-value, dues à raison des travaux déjà entrepris, et spécialement à raison des travaux de desséchement, seront réglées d'après les dispositions de la présente loi. Des règlements d'administration publique statueront sur la possibilité et le mode d'application à chaque cas ou entreprise particulière, et alors, l'organisation et l'intervention de la commission spéciale seront toujours nécessaires.

Art. 59. — Toutes les lois antérieures cesseront d'avoir leur exécution en ce qui serait contraire à la présente.

Les lois des 4 pluviôse an VI, 14 floréal an XI et 16 septembre 1807 dont les textes sont reproduits ci-dessus, ont longtemps guidé les errements de la pratique administrative ; elles sont le point de départ de la législation actuelle sur les syndicats et plusieurs de leurs dispositions restent encore en vigueur.

Pour compléter l'indication sommaire de la législation antérieure à 1865, il faut citer : la loi du 27 avril 1838 sur l'asséchement et l'exploitation des mines ; le décret du 25 mars 1852, article 4, rectifié par celui du 13 avril 1861 (§§ 6 et 8 du tableau D) ; les lois du 10 juin 1854 sur le drainage, du 28 mai 1858 relative à l'exécution des travaux destinés à mettre les villes à l'abri des inondations ; la loi annuelle des finances qui établit au profit des communautés d'habitants dûment autorisées la perception des taxes comme en matière de contributions directes.

Le décret de décentralisation du 25 mars 1852, en diminuant les attributions réservées au pouvoir central, contribua à favoriser la création des syndicats. Ils prirent en effet une nouvelle extension.

Statistique.

D'après une statistique dressée en 1864, on comptait, à cette époque, 2,475 syndicats répartis dans 63 départements.

234 associations, dont 153 dans la Haute-Loire, avaient été formées librement ;

288 avaient été formées par ordonnances royales ;

250 par décrets ;

1,491 par arrêtés préfectoraux.

857 associations avaient pour objet des travaux d'endiguement ;

804 des travaux de curage, d'assainissement et de desséchement ;

750 des travaux d'irrigation.

64 des travaux de drainage.

Le montant des cotisations perçues en 1862 dans la forme des contributions directes s'était élevé à la somme de 4,271,925 fr.

Il résulte d'une déclaration faite par M. le directour de l'hydraulique agricole que, de 1865 à 1885, le nombre des associations syndicales s'est accru de 616, sans compter celles dont l'existence n'a pas été notifiée au ministère.

Fonctionnement des syndicats avant 1865.

On distinguait deux espèces d'associations syndicales :

1° Celles qui étaient organisées par l'administration ;

2° Celles qui se formaient sans son concours. On sait quels inconvénients ces dernières présentaient. Formées librement, comme de simples sociétés civiles, elles devaient s'adresser aux tribunaux judiciaires pour le jugement de leurs contestations et le recouvrement de leurs taxes. Deux arrêts de la Cour de cassation leur refusaient le droit d'être représentées en justice par leurs syndics, et l'incertitude jetée par cette jurisprudence relativement à leur capacité, mettait un sérieux obstacle à leur développement.

Très différente au point de vue juridique était la situation des syndicats formés avec la participation de l'autorité administrative. Ce patronage leur conférait la personnalité civile et le droit de recouvrer leurs cotisations avec les formalités usitées pour les contributions directes. Mais il constituait une véritable tutelle ; les délibérations de la commission n'étaient exécutoires que si elles étaient approuvées par le préfet et les emprunts ne pouvaient être contractés qu'avec l'autorisation du Gouvernement. Quant aux travaux effectués, ils étaient considérés comme travaux publics et les actions à soutenir étaient de la compétence des tribunaux administratifs.

Les associations syndicales, formées avec l'intervention de l'administration, se distinguaient en *volontaires et forcées.*

Volontaires, elles n'étaient constituées que par l'accord unanime des intéressés ; forcées, elles pouvaient leur être imposées malgré leur résistance même unanime. Toutefois cette coercition n'était employée que lorsqu'il s'agissait de l'exécution de travaux concernant la sécurité publique (endiguements contre la mer, fleuves, etc. ; desséchements de marais et assainissement de terres humides ou insalubres ; curage de canaux et rivières non navigables ; travaux destinés à mettre les villes à l'abri des inondations, etc.).

Antérieurement au décret de décentralisation du 25 mars 1852, il fallait pour s'organiser en

syndicat avec l'appui de l'administration se pourvoir d'un décret délibéré en Conseil d'État. Depuis lors il appartient aux préfets de statuer, après
avis des ingénieurs et en cas d'accord de tous les
propriétaires.

Un des principaux obstacles au fonctionnement
des syndicats avant 1865 tenait à ce que les conditions de l'adhésion à donner au nom des mineurs, des interdits et des femmes mariées sous
le régime dotal par les représentants de ces incapables n'avaient pas été déterminées exactement.
La validité des associations constituées par les
préfets pouvait sans cesse être contestée.

Il importait de mettre fin à cette situation défec-
tueuse, de compléter, de coordonner les dispositions légales que nous venons d'énumérer et qui
manquaient de précision et d'harmonie.

Le projet, qui devint plus tard la loi du 21 juin
1865, fut présenté aux Chambres législatives à la
suite de transformations économiques qui assu-
rèrent le triomphe du libre échange.

La signature des traités de commerce de 1860
avait livré nos marchés aux produits des nations
voisines. Contre de faibles concessions nous leur
ouvrions nos frontières par un abaissement exces-
sif des droits de douane. L'effet de cette impru-

dente générosité ne tarda pas à se faire sentir. Le Gouvernement, inquiet des plaintes de notre agriculture, chercha les moyens de conjurer les suites de cette imprévoyance.

Dans sa pensée nulle action législative ne pouvait autant qu'une bonne loi sur les associations syndicales exercer une influence utile sur le développement de l'industrie agricole.

Donner essor à l'esprit d'entreprise et favoriser les œuvres d'intérêt collectif, tel fut le but que se proposa le législateur de 1865.

DEUXIÈME PARTIE

COMMENTAIRE DE LA LOI DU 21 JUIN 1865.

Les dispositions de la loi du 21 juin 1865 s'appliquent aux syndicats constitués suivant les formes et conditions prescrites et qui ont pour objet l'exécution et l'entretien de travaux destinés à protéger, assainir ou améliorer le territoire.

Nous reproduirons successivement chaque article en l'accompagnant d'observations empruntées pour la plupart à l'exposé des motifs, au rapport présenté au Corps législatif et à la circulaire adressée aux préfets par le Ministre de l'agriculture, du commerce et des travaux publics et contenant les instructions nécessaires à l'application de la loi.

PRINCIPES GÉNÉRAUX.

Titre 1er. — *Des associations syndicales.*

Art. 1er. — Peuvent être l'objet d'une association syndicale entre propriétaires intéressés, l'exécution et l'entretien des travaux :

1° De défense contre la mer, les fleuves, les torrents et les rivières navigables ou non navigables ;

2° De curage, approfondissement, redressement et régularisation des canaux et cours d'eau non navigables ni flottables et des canaux de desséchement et d'irrigation ;

3° De desséchement des marais ;

4° Des étiers et ouvrages nécessaires à l'exploitation des marais salants ;

5° D'assainissement des terres humides et insalubres ;

6° D'irrigation et de colmatage ;

7° De drainage ;

8° De chemins d'exploitation et de toute autre amélioration agricole ayant un caractère d'intérêt collectif.

La plupart des travaux énoncés dans l'article 1er pouvaient déjà, sous l'empire de la législation antérieure, être l'objet d'associations syndicales. Cependant la loi du 21 juin 1865 a consacré plusieurs additions.

Ainsi, le second paragraphe comprend, indépendamment du simple curage, l'approfondissement, le redressement et la régularisation des canaux et cours d'eau non navigables ni flottables et des canaux de desséchement et d'irrigation. Toutefois les travaux de cette nature ne doivent être entrepris qu'avec une grande réserve et lorsqu'ils sont nécessaires pour former le complément d'un curage efficace. Dans ce cas, ils doivent être autorisés par un décret rendu en Conse'l d'État, après l'accomplissement des formalités d'enquête.

Le quatrième paragraphe s'applique à une nature d'ouvrages d'un caractère spécial : ce sont les canaux nommés étiers, destinés à introduire les eaux de la mer dans les marais salants et, en outre, les fossés intérieurs et les bassins où ces eaux subissent une première évaporation. Ces ouvrages, nécessaires pour la fabrication du sel, constituent des propriétés communes à tous les intéressés et dont la conservation doit peser sur chacun d'eux dans la proportion de son intérêt. La réunion des propriétaires en association syndicale est donc une mesure parfaitement justifiée et d'une utilité incontestable.

L'assainissement des terres humides et insalubres qui fait l'objet du cinquième paragraphe, ne doit pas être confondu avec le desséchement des marais. Il s'agit ici de ces terrains, désignés sous le nom de terres mouillées, dont l'état d'humidité ou d'insalubrité n'est dû qu'à des obstacles accidentels qui arrêtent l'écoulement naturel des eaux. Le plus souvent, il suffit de rétablir un cours d'eau qui a disparu par suite du défaut de curage, ou bien d'ouvrir quelques rigoles, pour assainir et fertiliser des terrains longtemps insalubres et improductifs.

Le sixième paragraphe comprend, outre l'irrigation, le colmatage des terres. Cette opération consiste à exhausser un bas-fond habituellement immergé, ou à couvrir des terrains infertiles, tels que des sables ou des graviers, au moyen d'alluvions entraînées par des eaux courantes.

Enfin, le dernier paragraphe énonce les chemins d'exploitation et toute autre amélioration agricole ayant un caractère d'intérêt collectif. Le terme « chemins d'exploitation » s'applique exclusivement à des chemins qui ne doivent servir qu'à l'exploitation de propriétés privées. Quant à ceux qui ont un caractère public et dont l'administration et la police sont placées dans les attributions de l'autorité municipale, on ne saurait admettre qu'une association syndicale pût se substituer à cette autorité[1]. La loi a eu seulement pour but de

---

1. Depuis la loi du 20 août 1881, les propriétaires intéressés peuvent s'unir en syndicats pour l'ouverture, le redressement, l'élargissement, la réparation et l'entretien des chemins ruraux.

faciliter l'ouverture des voies d'accès utiles à un certain nombre de propriétaires. En ajoutant à cette énonciation « toute autre amélioration agricole d'intérêt collectif » le législateur a voulu étendre le plus possible les avantages qu'il assure aux associations syndicales.

Art. 2. — Les associations syndicales sont libres ou autorisées.

Jusqu'alors, aucune loi ou règlement n'avait prévu la formation d'une association syndicale libre, réunie par la seule volonté des intéressés et n'empruntant aucun droit à l'autorité publique. Ces syndicats étaient de simples sociétés civiles ; ils ne jouissaient ni d'une personnalité distincte, ni d'un crédit qui leur fût propre. En cas de procès, leurs membres devaient être assignés individuellement et non collectivement en la personne de leur syndic.

L'article 2 fait disparaître cette entrave ; il prévoit, en conséquence, la formation des associations syndicales libres et des associations autorisées.

Art. 3. — Elles peuvent ester en justice par leurs syndics, acquérir, vendre, échanger, transiger, emprunter et hypothéquer.

Les associations syndicales libres, comme les associations autorisées, constituent de véritables personnes morales et peuvent, en conséquence, ester en justice et accomplir tous les actes de la vie civile. Les syndics agissent valablement en leur nom lorsqu'ils contractent avec des tiers ou plaident contre eux.

Art. 4. — L'adhésion à une association syndicale est valablement donnée par les tuteurs, par les envoyés en possession provisoire et par tout représentant légal pour les biens des mineurs, des interdits, des absents et autres incapables, après autorisation du tribunal de la situation des biens, donnée sur simple requête en la chambre du conseil, le ministère public entendu. Cette disposition est applicable aux immeubles dotaux et aux majorats.

Cette disposition étend en matière de syndicats les facilités exceptionnelles données par l'article 13 de la loi du 3 mai 1841 sur l'expropriation pour cause d'utilité publique. Ainsi se trouve supprimé un des principaux obstacles que rencontrait la constitution volontaire des sociétés en donnant aux représentants des incapables le pouvoir d'adhérer en leur nom à une association syndicale.

Compétence est donnée au tribunal de la situation des biens à l'exclusion de celui du domicile des parties, parce qu'il est mieux à même d'apprécier l'utilité de l'opération projetée et que sa décision pourra être obtenue plus promptement et à moins de frais.

Dans le cas où des biens de l'État, des départements, des communes ou des établissements publics se trouveraient compris dans le périmètre de l'association, on appliquera par analogie les mêmes dispositions. Le ministre des finances, les préfets, les maires, pourront valablement adhérer à cette association, au nom de l'État, du département ou de la commune.

Titre II. — *Des associations syndicales libres.*

Art. 5. — Les associations syndicales libres se forment sans l'intervention de l'administration.

Le consentement unanime des associés doit être constaté par écrit. L'acte d'association spécifie le but de l'entreprise ; il règle le mode d'administration de la société et fixe les limites du mandat confié aux administrateurs ou syndics ; il détermine les voies et moyens nécessaires pour subvenir à la dépense, ainsi que le mode de recouvrement des cotisations.

On a objecté que la nécessité du consentement unanime rendait la loi inutile. A quoi sert la loi sur les syndicats, puisqu'il faut qu'il y ait unanimité et que, dans ce cas, il n'est pas besoin de s'associer pour agir? Mais on a répondu avec raison qu'autre chose est d'agir d'une manière accidentelle, autre chose est de s'engager dans une association. Lorsque celle-ci existe, chacun des intéressés ne peut plus se dégager; il faut qu'il contribue à l'entretien des travaux; il ne dépend plus de son bon plaisir de remplir ses obligations. Il y a là une garantie au point de vue de l'unité d'action et de la continuation de l'entreprise. Au contraire, lorsque l'association n'existe pas, chacun peut s'en reposer sur son voisin de faire les réparations et personne ne les fait. Voilà la différence entre les deux situations. (Sénéca, séance du 19 mai.)

Le consentement des intéressés doit être constaté par écrit, c'est-à-dire par acte notarié ou par un simple acte sous seing privé, spécifiant le but et les conditions de l'association.

Les syndicats libres ont le caractère de sociétés civiles privées et rentrent sous l'empire du droit commun. Par exemple, elles ne pourraient pas attribuer au conseil de préfecture la connaissance des difficultés relatives aux taxes et cotisations.

Art. 6. — Un extrait de l'acte d'association devra, dans le délai d'un mois à partir de sa date, être publié dans un journal d'annonces légales de l'arrondissement ou, s'il n'en existe aucun, dans l'un des journaux du département. Il sera, en outre, transmis au préfet et inséré dans le *Recueil des actes administratifs*.

L'utilité de cette insertion gratuite dans le *Recueil des actes de la préfecture* est de conserver l'extrait de l'acte d'association dans les archives de la mairie, où chacun pourra en prendre connaissance.

C'est dans l'intérêt des tiers qu'est prescrite la publication dans un journal d'annonces légales de l'arrondissement ou du département.

Quant à la forme de l'extrait, il suffit, pour remplir le but de la loi, d'y comprendre les clauses principales de l'acte, telles qu'elles sont énoncées au dernier paragraphe de l'article 5. Cet extrait sera fait suivant les prescriptions de l'article 44 du Code de commerce : ainsi il sera signé, pour les actes publics, par les notaires rédacteurs, et, pour les actes sous seing privé, par tous les associés.

Art. 7. — A défaut de publication dans un journal d'annonces légales, l'association ne jouira pas du bénéfice de l'article 3. L'omission de cette formalité ne peut être opposée aux tiers par les associés.

Aucune sanction n'est attachée au défaut d'insertion dans le *Recueil des actes administratifs*; mais l'omission de la publication dans le journal d'annonces légales prive la société du bénéfice de l'article 3, c'est-à-dire de la personnalité civile. Toutefois, comme nul ne peut exciper de sa propre faute, les tiers auront le droit d'opposer aux associés le défaut de publication et ceux-ci ne pourront pas s'en prévaloir contre eux.

Comment devra-t-on justifier de l'insertion dans le journal d'annonces légales pour échapper à la déchéance prononcée par l'article 7 ? Sera-t-il nécessaire de produire, comme en matière de sociétés commerciales, un exemplaire enregistré dudit journal ? Le silence de la loi autorise à penser que la preuve pourra être faite par tous les moyens de droit commun.

Art. 8. — Les associations syndicales libres peuvent être converties en associations autorisées par arrêté préfectoral, en vertu d'une délibération prise par l'assemblée générale, conformément à l'article 12 ci-après, sauf les dispositions contraires qui pourraient résulter de l'acte d'association. Elles jouissent, dès lors, des avantages accordés à ces associations par les articles 15, 16, 17, 18 et 19.

Les associations syndicales libres, se formant

sans l'intervention administrative et par le seul consentement écrit des intéressés, n'ont aucun caractère officiel. Elles esteront bien en justice par l'intermédiaire de leurs syndics ; elles pourront acquérir, vendre, etc., comme de simples particuliers, mais elles n'exerceront aucun des droits appartenant à l'autorité publique. Les travaux exécutés par elles ne sont pas assimilés aux travaux publics et les contestations qu'ils font naître sont de la compétence des tribunaux de l'ordre judiciaire. Les cotisations ne sont pas recouvrées de la manière expéditive usitée pour les contributions directes et le conseil de préfecture n'a pas qualité pour prononcer l'apurement des comptes du receveur.

Les syndicats libres peuvent être convertis sur leur demande en associations autorisées et acquérir par là le bénéfice des avantages accordés à ces dernières par les articles 15, 16, 17, 18 et 19.

Sous quelle forme doit se produire cette demande ? Doit-elle être faite par les syndics ou par l'assemblée générale ? et dans le cas où ce serait à l'assemblée générale à la formuler, faudrait-il réunir l'unanimité des suffrages ? — La loi a admis les conditions les plus faciles ; elle a décidé que l'article 12, qui détermine la majorité nécessaire pour la constitution d'une association autorisée, serait applicable à la transformation d'une association libre en association autorisée.

Cependant il faut tenir compte des contrats qui pourraient lier les parties ; on doit réserver l'application des clauses spéciales qui auraient pu être stipulées en vue d'une conversion éventuelle en association autorisée. Cette réserve n'est applicable d'ailleurs qu'aux syndicats pour lesquels la loi exige l'assentiment unanime des intéressés et non à ceux qui peuvent être constitués dans des conditions prévues par le titre 3. La conversion ne sera définitive que lorsque le préfet aura rendu un arrêté d'autorisation ; à partir de ce moment les droits attachés à la qualité de syndicat autorisé sont acquis à l'ancienne association.

Titre III. — *Des associations syndicales autorisées.*

Art. 9. — Les propriétaires intéressés à l'exécution des travaux spécifiés dans les n⁰ˢ 1, 2, 3, 4, 5 de l'article 1ᵉʳ peuvent être réunis, par arrêté préfectoral. en association syndicale autorisée, soit sur la demande d'un ou de plusieurs d'entre eux, soit sur l'initiative du préfet.

Il y a lieu de distinguer deux sortes d'entreprises :

1° Celles où il s'agit d'un intérêt public incontestable (endiguement, curage, desséchement de marais qui ont un caractère de nécessité évidente, exploitation des marais salants, dont le bon ménagement importe à la richesse nationale ; assainissement des terres dont il est urgent de faire cesser l'insalubrité) ;

2° Celles qui n'ont qu'un but d'utilité et d'amélioration (ces dernières ne peuvent faire l'objet que d'une association libre, avec le consentement unanime des intéressés). Si les premières peuvent être exécutées par des associations autorisées où la majorité exerce un droit de coercition contre la minorité, c'est qu'elles présentent un caractère d'utilité générale. Le respect dû à la propriété se trouve ainsi concilié avec l'intérêt de l'amélioration agricole du territoire. Un avis du Conseil d'État, du 6 mai 1876, rédigé par M. Aucoc et rapporté dans le tome II de ses *Conférences* (n° 884), met ce point en pleine lumière : « Il ressort tant du texte de la loi du 21 juin 1865 que de la discussion à laquelle elle a donné lieu au Corps législatif, que le législateur a voulu réserver la faculté de coercition attribuée à la majorité des intéressés pour la formation des associations syndicales autorisées aux seules entreprises qui ont un but soit de défense contre des chances de destruction menaçant la propriété, soit de préservation contre des causes d'insalubrité pouvant compromettre la santé publique.

« En reconnaissant ce caractère de défense ou de préservation aux travaux spécifiés aux cinq premiers numéros de l'article 1er, la loi n'a fait que confirmer les principes de la législation existante ou se conformer à la nature des choses.

« En effet, en ce qui concerne les nos 1, 2, 3, relatifs à l'endiguement contre la mer, les fleuves, torrents et rivières navigables ou non navigables, au curage des canaux et des rivières et au desséchement des marais, ces entreprises peuvent, aux termes des lois des 14 floréal an XI et 16 septembre 1807, faire l'objet d'associations forcées, imposant à tous les intéressés leur participation obligatoire à la dépense des travaux.

« En ce qui concerne les nos 4 et 5 « les étiers « et ouvrages nécessaires à l'exploitation des ma- « rais salants » étant la condition essentielle de l'existence de ces marais, la charge de l'établissement et de l'entretien de ces étiers et ouvrages incombe à tous les propriétaires qui en jouissent en commun.

« Et c'est un intérêt supérieur, celui de

l'hygiène publique, qui commande de provoquer
et de faciliter autant que les prescriptions légales
peuvent le faire « l'assainissement des terres hu-
« mides et insalubres ».

« En un mot, si la loi a voulu faire disparaître
les obstacles que des résistances isolées auraient
opposés à l'exécution des travaux spécifiés aux
cinq premiers numéros de l'article 1er ce n'est pas
à raison des améliorations, si importantes qu'elles
soient, que ces travaux peuvent apporter à la propriété individuelle, mais bien en vue de la solidarité qui doit lier tous les intéressés dans les
œuvres ayant un but de défense collective ou de
sécurité commune.

« En ce qui concerne les travaux spécifiés aux
trois derniers numéros de l'article 1er :

« Ces trois numéros se rapportent à des entreprises inspirées, en général, par le seul esprit de
spéculation, esprit fécond, sans doute, par son
influence sur les progrès de la richesse publique
et privée, mais qui ne peut être imposé à personne et qui ne doit procéder que de la libre volonté.

« Dès lors, on ne pourrait, sans méconnaître et
sans fausser la pensée si juste du législateur de
1865, admettre ces entreprises à s'organiser, dans

le système de l'association syndicale autorisée, en contraignant la minorité. »

Ces lignes résument l'intention du législateur avec autant de netteté que possible.

Art. 10. — Le préfet soumet à une enquête administrative dont les formes seront déterminées par un règlement d'administration publique, les plans, avant-projets et devis des travaux, ainsi que le projet d'association.

Le plan indique le périmètre des terrains intéressés et est accompagné de l'état des propriétaires de chaque parcelle.

Le projet d'association spécifie le but de l'entreprise et détermine les voies et les moyens nécessaires pour subvenir à la dépense.

Une enquête est donc ouverte sur le résultat probable de l'entreprise, les voies et moyens nécessaires pour subvenir aux dépenses, les devis estimatifs des travaux, le périmètre des terrains intéressés et l'état des propriétaires de chaque parcelle.

Les formes de l'enquête ci-dessus prescrite ont été déterminées par le décret d'administration publique du 17 novembre 1865, ainsi conçu :

Décret du 17 novembre 1865.

Art. 1er. — Lorsqu'il y a lieu d'ouvrir une enquête sur une entreprise d'amélioration agricole et sur un projet d'association, par application de l'article 10 de la loi du 21 juin 1865 sur les associations syndicales, le préfet prend un arrêté pour prescrire cette enquête.

Art. 2. — Le projet d'association détermine :

1° Le minimum d'étendue de terrain ou d'intérêt qui donne droit à chaque propriétaire de faire partie de l'assemblée générale des intéressés ;

2° Le maximum de voix à attribuer à un même propriétaire ou à chaque usinier, et le maximum de voix attribué aux usiniers réunis ;

3° Les bases de la répartition des dépenses de l'entreprise ;

4° Le nombre des syndics à nommer, leur répartition, s'il y a lieu, entre diverses catégories d'intéressés et la durée de leurs fonctions.

Art. 3. — Le projet de l'association, les plans et devis des travaux étudiés d'office par les ordres du préfet, ou sur l'initiative des intéressés, sont déposés à la mairie de la commune sur le territoire de laquelle les travaux doivent être exécutés. Si les travaux s'étendent sur plusieurs communes, le préfet désigne celle de ces communes où les pièces doivent être déposées.

Art. 4. — Aussitôt après la réception de l'arrêté préfectoral qui ordonne l'ouverture de l'enquête, avis du dépôt des pièces est donné à son de trompe ou de caisse, et une affiche, contenant les énonciations prescrites par la loi, est apposée à la porte de la mairie, et dans un lieu apparent, près ou sur les portes de l'église.

Art. 5. — Indépendamment de ces publications, notification du dépôt des pièces est faite par voie administrative à chacun des propriétaires dont les terrains sont compris dans le périmètre intéressé aux travaux ; il est gardé original de cette notification ; en cas d'absence, la notification prescrite est faite aux représentants des propriétaires ou à leurs fermiers et métayers, et, à défaut de représentants ou fermiers, elle est laissée à la mairie.

L'acte de notification invite les propriétaires à déclarer, dans les délais et dans les formes ci-après déterminés, s'ils consentent à concourir à l'entreprise.

Ces notifications doivent être faites au plus tard dans les cinq jours qui suivent l'ouverture des enquêtes.

Art. 6. — Pendant 20 jours à partir de l'ouverture de l'enquête, il est déposé dans chacune des mairies intéressées un registre destiné à recevoir les observations, soit des propriétaires compris dans le périmètre, soit de tous autres intéressés.

Art. 7. — Le préfet désigne, dans l'arrêté qui ordonne l'enquête, un commissaire choisi parmi les notables propriétaires, agriculteurs ou industriels, parmi les membres du conseil général ou parmi les juges de paix des cantons traversés par les travaux. Ledit commissaire ne doit avoir aucun intérêt personnel à l'opération projetée.

Art. 8. — A l'expiration de l'enquête, dont les formalités sont certifiées par les maires de chaque commune, le commissaire recevra pendant trois jours consécutifs, à la mairie de la commune désignée par le préfet et aux heures indiquées par lui, les déclarations des intéressés sur l'utilité des travaux projetés.

Après avoir clos et signé le registre de ces déclarations, le commissaire les transmettra immédiatement au préfet, avec son avis motivé et avec les autres pièces de l'instruction qui auront servi de base à l'enquête.

D'après l'article 10 du projet de loi les plans et devis devaient être dressés « par les ingénieurs des ponts et chaussées », ce qui était limitatif. La commission avait proposé d'ajouter « ou par tous autres hommes de l'art ». Le Conseil d'État a préféré supprimer toute espèce d'indication. La rédaction, telle qu'elle a été adoptée définitivement, n'implique aucune exclusion ; il est donc évident, et cela ne pouvait faire l'objet d'une question, que toute latitude est laissée aux préfets ainsi qu'aux intéressés pour le choix des agents auxquels la rédaction des plans, avant-projets, etc., pourra être confiée.

Art. 11. — Après l'enquête, les propriétaires qui sont présumés devoir profiter des travaux sont convoqués en assemblée générale par le préfet, qui en nomme le président, sans être tenu de le choisir parmi les membres de l'assemblée. Un procès-verbal constate la présence des intéressés et le résultat de la délibération. Il est signé par les membres présents et mentionne l'adhésion de ceux qui ne savent pas signer. L'acte contenant le consentement par écrit de ceux qui l'ont euvoyé en cette forme, est mentionné dans ce procès-verbal et y reste annexé.

Le procès-verbal est transmis au préfet.

L'enquête une fois terminée, l'association n'est pas encore constituée. Le préfet convoque en assemblée générale les propriétaires qui sont présumés devoir profiter des travaux ; le président peut être pris en dehors des membres de l'assemblée. La question du choix du président a donné lieu à une discussion qui a été close par la réponse que voici de M. Louvet : « Il s'agit pour l'assemblée générale de savoir si l'on forcera la minorité à suivre la majorité. Il y a là des intérêts contraires en présence. Eh bien ! croyez-vous qu'il ne soit pas très important de savoir que le président soit impartial et dégagé complètement de tout intérêt personnel ? — Souvent, en présence de deux intérêts rivaux, le préfet se dira : « Si je prends dans la majorité, on dira que j'écrase la minorité ; si je prends dans la minorité, « on me reprochera d'aller contre l'intérêt général. » Vous voyez que le meilleur choix à faire sera de prendre un président en dehors des intéressés, afin de donner à l'assemblée le caractère de justice et d'impartialité qui lui convient. » Ainsi choisi, il pourra, en éclairant les esprits, exercer la plus heureuse influence sur le résultat de cette réunion préparatoire.

Le préfet ayant le droit de choisir le président, a aussi celui de présider lui-même l'assemblée s'il le juge utile.

Où se tiendra la réunion? A cette question il a été répondu qu'on se réunirait au chef-lieu désigné de l'association ou dans le lieu le plus rapproché des intéressés.

Quoiqu'il n'ait pas reçu de convocation, tout propriétaire a le droit de se présenter à l'assemblée générale et de prendre part à la délibération, pourvu qu'il justifie de son intérêt. (*Journal des avoués*, 1866, p. 51, note 27.)

Art. 12. — Si la majorité des intéressés représentant au moins les deux tiers de la superficie des terrains, ou les deux tiers des intéressés, représentant plus de la moitié de la superficie, ont donné leur adhésion, le préfet autorise, s'il y a lieu, l'association.

Un extrait de l'acte d'association et l'arrêté du préfet en cas d'autorisation, et, en cas de refus, l'arrêté du préfet, sont affichés dans les communes de la situation des lieux et insérés dans le *Recueil des actes de la préfecture*.

Ces dispositions sont très importantes ; elles ont pour but de consacrer la loi des majorités, en combinant toutefois les intérêts avec le nombre.

Le préfet peut autoriser l'association pourvu que la majorité représente au moins les deux tiers de la superficie des terrains, ou que les deux tiers des intéressés représentent au moins la moitié de la superficie. C'est la première fois que ce pouvoir lui a été attribué. Aux termes du décret du 25 mars 1852, il ne pouvait former l'association qu'au cas d'unanimité des propriétaires.

La représentation par mandat est de droit quand aucun texte ne l'interdit ; un mandataire, même étranger à l'association, pourra donc représenter plusieurs intéressés. Les pouvoirs seront notariés ou sous signatures privées. Dans le cas où la majorité prescrite par l'article 12 n'aurait pas été atteinte, il ne serait pas donné suite au projet, à moins que les travaux ne soient de nature à permettre à l'administration d'imposer d'office la formation du syndicat en vertu de l'article 26.

Quant à l'affichage de l'arrêté préfectoral et de l'extrait de l'acte d'association, et à leur insertion dans le *Recueil des actes administratifs*, aucun délai n'a été fixé.

Les particuliers qui éprouveraient quelque dommage par suite de retard dans l'accomplissement de ces formalités n'auraient qu'à recourir au ministre ou à se pourvoir en Conseil d'État, s'il y avait excès de pouvoir de la part du préfet.

Art. 13. — Les propriétaires intéressés et les tiers peuvent déférer cet arrêté au ministre des travaux publics dans le délai d'un mois à partir de l'affiche.

Le recours est déposé à la préfecture et transmis, avec le dossier, au ministre, dans le délai de quinze jours.

Il est statué par un décret rendu en Conseil d'État.

L'article 13 laisse à tous les intéressés la faculté de déférer l'arrêté du préfet au ministre des travaux publics dans le délai d'un mois à partir de l'affiche. Il importe donc que l'affiche soit apposée, autant que possible, le même jour dans toutes les communes et que le maire de chaque commune en délivre certificat. Le recours est déposé à la préfecture et transmis avec le dossier au ministre dans le délai de 15 jours. Il est statué par un décret rendu en Conseil d'État. Le même droit est concédé aux tiers qui, sans être compris dans l'association, se trouveraient exposés à des servitudes dommageables ou à une expropriation. On a fixé un délai très court, afin de ne pas suspendre trop longtemps la constitution de l'association.

Le recours dont il s'agit ne fait pas obstacle à celui qui peut être formé devant le Conseil d'État, statuant au contentieux, pour excès de pouvoir, ou violation de la loi. Toute personne intéressée a le droit de former ce pourvoi dans un délai de trois mois, à partir de la publication de la décision qui lui sera grief.

Art. 14. — S'il s'agit des travaux spécifiés aux n°s 3, 4 et 5 de l'article 1er, les propriétaires qui n'auront pas adhéré au projet d'association pourront, dans le délai d'un mois ci-dessus déterminé, déclarer à la préfecture qu'ils entendent délaisser, moyennant indemnité, les terrains leur appartenant et compris dans le périmètre. Il leur sera donné récépissé de la déclaration. L'indemnité à la charge de l'association sera fixée conformément à l'article 16 de la loi du 21 mai 1836.

La faculté de délaisser n'a pas été concédée aux propriétaires intéressés au curage ou à l'endiguement. Ils ne pouvaient, en effet, avoir un motif sérieux de se soustraire à l'association, puisqu'ils seraient retombés alors sous les obligations plus onéreuses imposées par la loi. M. le comte Dubois, commissaire du Gouvernement, s'exprimait en ces termes : « Le curage et l'endiguement des cours d'eau, c'est-à-dire la préservation de la propriété privée contre le débordement et la stagnation des eaux, est une véritable servitude légale. Il faut que les cours d'eau soient curés, que les digues soient élevées, pour que les récoltes ne soient pas perdues et qu'il n'y ait pas de stagnation d'eau, ni de miasmes délétères. »

On a posé la question suivante : « Comment s'exercera la faculté de délaissement lorsqu'il s'agira de propriétaires n'ayant pas la libre disposition de leurs biens, lorsque ces propriétaires seront des mineurs, des interdits, des femmes dotales, des absents, en un mot, des incapables? » M. Sénéca a répondu : « Lorsqu'il s'agit d'adhérer seulement à une association on a abrégé certaines formalités qui offrent cependant des garanties suffisantes. Dans l'article 14, on a mis l'article 16 de la loi du 21 mai 1836 ; si cet article ne suffit pas, le délaissement est une aliénation et l'on restera, à cet égard, dans le droit commun. »

Le jury institué par l'article 16 de la loi du 21 mai 1836, c'est, on le sait, le jury de quatre membres, dit petit jury, présidé en général par le juge de paix. C'est le même jury qui est chargé des expropriations pour les chemins vicinaux. (Ducrocq, *Droit administratif*, 845, 847.)

La faculté de délaissement se justifie par de puissantes considérations d'équité ; il est très légitime qu'un propriétaire ait le droit de refuser de s'associer à une entreprise dont les avantages lui paraissent incertains ou insuffisants. Mais il est juste aussi que l'indemnité, qui lui est due, soit réglée et payée avant l'exécution des travaux projetés, et, par conséquent, avant que les terrains délaissés aient acquis, par le fait de ces travaux, une plus-value à laquelle le propriétaire ne saurait avoir droit.

Les terrains ainsi délaissés et payés sur les fonds de l'association deviennent nécessairement une propriété indivise entre tous les intéressés ; ils devront être administrés par les soins et pour le compte de l'association. Il est désirable toutefois que cette situation provisoire se prolonge le moins de temps possible et que la propriété délaissée soit revendue au plus tôt au profit de la société, à charge par l'acquéreur d'adhérer à l'acte constitutif du syndicat.

Art. 15. — Les taxes ou cotisations sont recouvrées sur des rôles dressés par le syndicat chargé de l'administration de l'association, approuvés, s'il y a lieu, et rendus exécutoires par le préfet.

Le recouvrement est fait comme en matière de contributions directes.

Afin de subvenir aux dépenses que nécessite

l'exécution des travaux et à défaut de cotisations
volontaires, des taxes sont imposées aux propriétaires qui font partie de l'association. A cet effet,
le périmètre des terrains qui y sont compris est
définitivement fixé. Ces terrains sont divisés en
plusieurs classes suivant leur nature et leur situation. Chaque parcelle appartenant aux divers associés est distribuée entre les différentes classes.
L'intérêt enfin que chaque classe peut avoir à
l'achèvement de l'entreprise est évalué compara-
tivement. Sur ces données, les syndicats dressent
des rôles où chaque associé est taxé nominative-
ment, à raison des diverses parcelles qu'il possède
dans chaque classe. Les rôles sont approuvés, s'il
y a lieu, et rendus exécutoires par le préfet. Cet
article rentre dans les dispositions de la loi du
14 floréal an XI, qui s'est trouvée ainsi généralisée
et applicable à toutes les opérations énoncées dans
l'article 1ᵉʳ de la loi de 1865.

Par qui les taxes sont-elles recouvrées ? A cette
question posée par M. Paul Bethmont, le commissaire du Gouvernement a répondu : « Il est entendu que les associations syndicales ont le droit
de prendre le percepteur ou un receveur particulier, à leur choix. C'est la règle constante. »

Nous reviendrons plus loin sur le mode d'établissement et de perception des taxes syndicales. Disons que l'apurement des comptes de l'association aura lieu selon les règles usitées dans la comptabilité communale. Au-dessus de 30,000 fr., ils seront réglés par la Cour des comptes en premier et dernier ressort; au-dessous, par le conseil de préfecture en premier ressort, et, en dernier, par la Cour des comptes.

« Il n'est pas question dans l'article 15, dit M. de Voize, du privilège du syndicat sur chacune des parcelles comprises dans son périmètre. Ce privilège existe implicitement dans la disposition du paragraphe 4 de l'article 2103 du Code civil, qui accorde le privilège aux entrepreneurs de certains travaux et, entre autres, de canaux. Il pourrait s'induire également du texte de la loi de 1807. Mais il semblerait nécessaire qu'il fût énoncé formellement dans la loi de 1865. Cette disposition serait la conséquence de l'article 3 qui autorise les syndicats à emprunter. » Le comte Dubois, commissaire du Gouvernement, a répondu : « Les taxes que les associations syndicales sont autorisées à percevoir, soit pour les travaux d'endiguement, soit pour les travaux de curage, soit même pour des travaux d'arrosage, sont des taxes assimilées à des contributions directes ; et la loi annuelle du budget, dans le tableau D, dit que ces taxes continueront à être perçues au profit des communautés de propriétaires. Puisqu'il y a assimilation entre les taxes que doivent les membres des associations syndicales et les impôts que doivent les contribuables, la conséquence est donc que les privilèges, qui s'attachent aux impôts directs, s'ensuivent. Cela a été jugé en maintes et maintes circonstances, et, il n'est pas nécessaire, à notre avis, d'ajouter à l'article 15 la disposition additionnelle que demande l'honorable préopinant. » (Séance du 20 mai, *Moniteur* du 21.)

Art. 16. — Les contestations relatives à la fixation du périmètre des terrains compris dans l'association, à la division des terrains en différentes classes, au classement des propriétés en raison de leur intérêt aux travaux, à la répartition et à la perception des taxes, à l'exécution des travaux, sont jugées par le conseil de préfecture, sauf recours au Conseil d'État.

Il est procédé à l'apurement des comptes de l'association selon les règles établies pour les comptes des receveurs municipaux.

La juridiction des commissions spéciales, établies par la loi du 16 septembre 1807 pour prononcer sur les difficultés relatives au classement des terrains et à la répartition des dépenses, en matière de digues contre la mer, fleuves, torrents, et de desséchement de marais, se trouve donc supprimée.

On sait que la loi du 14 floréal an XI, au contraire, décidait que les contestations de même nature, relatives au curage des cours d'eau non navigables ni flottables, seraient déférées au conseil de préfecture. L'article 16, en attribuant au conseil de préfecture toutes les questions de ce genre, à quelque nature de travaux qu'elles s'appliquent, a fait cesser une anomalie qui n'était motivée par aucune considération sérieuse.

C'est, en définitive, un retour au droit commun administratif.

Art. 17. — Nul propriétaire, compris dans l'association, ne pourra, après le délai de quatre mois, à partir de la notification du premier rôle des taxes, contester sa qualité d'associé ou la validité de l'association.

La notification dont il s'agit doit être faite par huissier ou par le maire, sans frais, avec constatation du récépissé. Après le délai de quatre mois à partir de cette date, la qualité des associés est définitivement fixée. Les grands établissements de crédit pourront prêter à l'association sans être obligés de vérifier la validité de l'acte qui la constitue relativement à chacune des personnes qui y auraient concouru ou qui s'y seraient fait représenter. L'association offre à ses prêteurs une complète garantie de solvabilité.

D'après l'esprit de cet article, le Conseil d'État a décidé, à propos des syndicats antérieurs à 1865, que le paiement des cotisations imposées sur le rôle et effectué pendant plusieurs années, faisait obstacle à toute réclamation contre la régularité de la constitution de ces syndicats. (Conseil d'État, 21 juillet 1869 ; 23 février 1877 ; 2 mai 1873; 17 mars 1857.)

De même, un propriétaire qui aurait payé pendant plusieurs années sans protester ses cotisations, ne pourrait faire admettre une réclamation fondée sur ce que ses terrains ne seraient pas compris dans le périmètre de l'association. (Conseil d'État, 8 avril 1881.)

De la rédaction de l'article 17, il résulte nécessairement que la qualité de propriétaire et celle d'associé doivent toujours se trouver réunies sur la même tête. C'est la propriété qui est engagée dans l'association et qui, en raison des avantages qu'elle doit retirer, est redevable des taxes.

Art. 18. — Dans le cas où l'exécution des travaux

entrepris par une association syndicale autorisée, exige l'expropriation des terrains, il y est procédé conformément aux dispositions de l'article 16 de la loi du 21 mai 1836, après déclaration d'utilité publique, par décret rendu en Conseil d'État.

Lorsqu'il y aura lieu de déclarer l'utilité publique, les préfets adresseront au ministre, avec le projet des travaux à exécuter, les pièces de l'enquête à laquelle ce projet aura été soumis, en vertu de l'article 10 de la loi, et le ministre soumettra le tout à l'examen du Conseil d'État. La fixation de l'indemnité sera faite conformément à l'article 16 de la loi du 21 mai 1836 dont voici les termes : « Lorsqu'il y aura lieu de recourir à l'expropriation, le jury spécial chargé de régler les indemnités, ne sera composé que de quatre jurés. Le tribunal d'arrondissement désignera pour présider le jury un de ses membres ou bien le juge de paix du canton. Ce magistrat aura voix délibérative en cas de partage. Le tribunal choisira sur la liste générale (formée par le conseil général), quatre personnes pour former le jury spécial et trois jurés supplémentaires.

« L'administration et les intéressés auront respectivement le droit d'exercer une récusation péremptoire. Le juge recevra les acquiescements des parties. Son procès-verbal entraînera la translation définitive de propriété. »

Ces formes, tout en offrant aux intéressés des garanties complètes, sont plus simples et plus expéditives que celles de la loi du 3 mai 1841.

Il y a entre le jury ordinaire, fonctionnant d'après la loi de 1841 et le jury spécial ou petit jury dont il s'agit dans le présent article, d'importantes différences :

1° L'un comprend douze jurés et l'autre quatre seulement.

2° Les membres du grand jury sont choisis par la première chambre de la cour d'appel dans les départements où siège une cour et, dans les autres, par la première chambre du tribunal civil du chef-lieu, sur une liste dressée annuellement par le conseil général pour chaque arrondissement. Les membres du petit jury sont toujours choisis par le tribunal de l'arrondissement et désignés par le jugement même qui prononce l'expropriation.

3° Seize jurés titulaires et quatre supplémentaires sont désignés pour le jury ordinaire ; l'expropriant et l'exproprié ont chacun le droit d'en récuser deux. Quatre jurés titulaires et trois supplémentaires sont désignés pour le jury spécial ;

l'expropriant et l'exproprié ne peuvent exercer chacun qu'une seule récusation.

4° Le magistrat directeur du grand jury est toujours un des membres du tribunal qui a prononcé l'expropriation ; le magistrat directeur du petit jury peut être le juge de paix du canton dans lequel les immeubles sont situés.

Dans le grand jury, le magistrat directeur ne prend pas part aux délibérations ; dans le petit jury, au contraire, il a voix délibérative, et, en cas de partage, son avis, comme président, est prépondérant.

Art. 19. — Lorsqu'il y a lieu à l'établissement de servitudes, conformément aux lois, au profit d'associations syndicales, les contestations sont jugées suivant les dispositions de l'article 5 de la loi du 10 juin 1851.

L'article 5 de la loi du 10 juin 1854 sur le drainage est ainsi conçu : « Les contestations auxquelles peuvent donner lieu l'établissement et l'exercice de la servitude, la fixation du parcours des eaux, l'exécution des travaux de drainage ou d'assèchement, les indemnités et les frais d'entretien, sont portées en premier ressort devant le juge de paix du canton, qui, en prononçant, doit concilier les intérêts de l'opération avec le respect dû à la propriété. S'il y a lieu à expertise, il pourra n'être nommé qu'un expert. »

Au contraire, les articles 4 de la loi du 29 avril 1845 et 3 de la loi du 11 juillet 1847 sur les irrigations, prescrivaient que les contestations relatives à l'établissement d'une servitude seraient portées devant les tribunaux.

Il y avait donc une juridiction particulière pour le drainage, une procédure différente pour les irrigations et le droit commun pour les autres cas. La loi de 1865 a posé des règles uniformes en ce qui concerne la question de compétence. Le juge de paix est compétent lorsqu'il s'agit des servitudes établies par les lois de 1845, 1847 et 1854; les autres restent sous l'empire du droit commun.

Le président du tribunal civil, siégeant en référé, est incompétent pour statuer sur les litiges relatifs aux servitudes exercées par un syndicat. (Nîmes 1883, 13 mars; journal *la Loi* du 23 septembre 1883.)

Les articles 15, 16, 17, 18 et 19 comprennent, par le fait, tous les privilèges accordés par la loi aux associations syndicales autorisées ; ces privilèges les investissent d'une partie des pouvoirs appartenant à l'autorité publique ; c'est pourquoi les associations syndicales libres ne peuvent en avoir le bénéfice qu'après avoir demandé et obtenu leur conversion en associations autorisées.

Titre IV. — *De la représentation de la propriété dans les assemblées générales. — Des syndics.*

Art. 20. — L'acte constitutif de chaque association fixe le minimum d'intérêt qui donne droit à chaque propriétaire de faire partie de l'assemblée générale.

Les propriétaires de parcelles inférieures au minimum fixé peuvent se réunir pour se faire représenter à l'assemblée générale par un ou plusieurs d'entre eux, en nombre égal au nombre de fois que le minimum d'intérêt se trouve compris dans leurs parcelles réunies.

L'acte d'association détermine le maximum de voix attribué à un même propriétaire, ainsi que le nombre de voix attaché à chaque usine, d'après son importance, et le maximum de voix attribué aux usiniers réunis.

Le législateur a adopté comme principes quatre points essentiels : 1° l'intérêt dans l'association dérive de la propriété ; 2° la représentation de la propriété doit être proportionnée à l'intérêt ; 3° le choix des syndics doit régulièrement appartenir à l'assemblée générale ; 4° l'action des syndics doit être libre, sauf l'intérêt public.

L'article 20 assure autant que possible la représentation de tous les intérêts sans méconnaître leur importance relative et la proportionnalité qui doit en résulter. Les droits des usiniers qui peuvent être opposés quelquefois aux droits des propriétaires purement fonciers, y sont spécialement reconnus.

Si l'on suppose, par exemple, que le minimum d'intérêt donnant droit à une voix dans l'assemblée générale soit fixé à un hectare, les propriétaires possédant chacun moins de un hectare dans le périmètre de l'association pourront se réunir soit tous ensemble, soit par groupes, et choisir entre eux un nombre de représentants égal au nombre entier d'hectares formant l'étendue totale de leurs propriétés. Ainsi un groupe d'intéressés possédant ensemble plus de 5 et moins de 6 hectares, nommera 5 membres de l'assemblée générale.

L'acte d'association doit en outre déterminer le maximum de voix attribué à un même propriétaire. En effet, s'il convient de tenir compte de l'importance relative des intérêts, on ne saurait cependant donner à un même propriétaire une prépondérance exagérée dans les délibérations qui doivent régler les intérêts communs de l'association.

Art. 21. — Le nombre des syndics, leur répartition, s'il y a lieu, entre diverses catégories d'intéressés et la durée de leurs fonctions seront déterminés par l'acte constitutif de l'association.

Art. 22. — Les syndics sont élus par l'assemblée générale parmi les intéressés. Lorsque les syndics doivent être pris dans diverses catégories, la liste d'éligibilité est divisée en sections correspondantes à ces diverses catégories. Les syndics seront nommés par le préfet dans le cas où l'assemblée générale, après deux convocations, ne se serait pas réunie ou n'aurait pas procédé à l'élection des syndics.

Art. 23. — Dans le cas où, sur la demande du syndicat, il est accordé une subvention par l'État, par le département ou par une commune, cette subvention donne droit à la nomination, par le préfet, d'un nombre de syndics proportionné à la part que la subvention représente dans l'entreprise.

Art. 24. — Les syndics élisent l'un d'eux pour remplir les fonctions de directeur et, s'il y a lieu, un adjoint qui remplace le directeur en cas d'absence ou d'empêchement. Le directeur et l'adjoint sont toujours rééligibles.

Ces articles sont relatifs à la formation du syndicat par l'élection, à la fixation du nombre des syndics et à leur répartition, s'il y a lieu, entre diverses catégories d'intéressés, à leur mode d'élection, enfin au choix du directeur et du directeur adjoint.

Le principe est que le choix des syndics doit appartenir aux intéressés. Élus par l'assemblée générale, les syndics choisissent parmi eux le directeur et le directeur adjoint.

Dans le cas où, sur la demande du syndicat, il est accordé une subvention par l'État, le département ou une commune, le préfet a le droit de nommer un nombre de syndics proportionné à la part que cette subvention représente dans l'entreprise. Cette disposition se justifie d'elle-même. Cependant la circulaire du 12 août 1865 recommande aux préfets de l'appliquer avec ménagement et de réserver la part la plus grande au choix des intéressés. Ainsi, dans le cas où le nombre des syndics serait de 9 et où les subventions cumulées de l'État, du département et des communes s'élèveraient au quart de la dépense, le préfet aurait à nommer deux syndics seulement et quatre pour une subvention de moitié. D'ailleurs ces syndics devront être pris parmi les personnes qui, à raison de leur connaissance des lieux et de leur aptitude spéciale, seront le mieux à même de représenter les intérêts de la commune, du département ou de l'État.

Aux termes de l'article 23, le droit de nommer les syndics dont le choix est attribué à l'administration appartenait au préfet, que la subvention fût accordée par l'État, le département ou la commune. Depuis la loi du 10 août 1871 sur les conseils généraux, la commission départementale « nomme les membres des commissions syndicales dans le cas où il s'agit d'entreprises subventionnées par le département » (art. 87).

La nomination ne reste donc au préfet qu'autant que la subvention est accordée par l'État ou par la commune.

Le dernier alinéa de l'article 22 ne permet au préfet de se substituer à l'assemblée générale pour la nomination des syndics que si, après deux convocations, elle ne se réunit pas, ou si, s'étant réunie, elle n'a pas procédé à cette nomination.

Titre V. — *Dispositions générales.*

Art. 25. — A défaut par une association d'entreprendre les travaux en vue desquels elle aura été autorisée, le préfet rapportera, s'il y a lieu, et après mise en demeure, l'arrêté d'autorisation. Il sera statué par un décret rendu en Conseil d'État, si l'autorisation a été accordée en cette forme. Dans le cas où l'interruption ou le défaut d'entretien des travaux entrepris par une association pourrait avoir des conséquences nuisibles à l'intérêt public, le préfet, après mise en demeure, pourra faire procéder d'office à l'exécution des travaux nécessaires pour obvier à ces conséquences.

Il se peut qu'une association syndicale n'entreprenne pas les travaux en vue desquels elle a été constituée ; dans ce cas le préfet pourra retirer l'autorisation accordée.

Il se peut que les travaux une fois commencés demeurent interrompus ou que, par défaut d'entretien, ils périclitent ; dans ce cas le préfet, après une mise en demeure, pourra non seulement retirer l'autorisation accordée, mais encore faire procéder d'office à l'exécution desdits travaux, pourvu que l'interruption ou le défaut d'entretien présente des conséquences nuisibles à l'intérêt public.

De ces deux dispositions, la première ne s'applique évidemment qu'aux associations syndicales autorisées ; la seconde, au contraire, s'applique aux associations libres comme aux associations autorisées. En effet, dans toute circonstance et quelle que soit l'organisation de la société, le préfet doit être à même d'intervenir, par mesure de police, pour faire cesser un état de choses contraires à l'intérêt public. Cet intérêt qui est le principe de son intervention doit aussi en être la limite.

Art. 26. — La loi du 16 septembre 1807 et celle du 14 floréal an XI continueront à recevoir leur exécution, à défaut de formation d'associations libres ou autorisées, lorsqu'il s'agira de travaux spécifiés aux nᵉˢ 1, 2 et 3 de l'article 1ᵉʳ de la présente loi.

Toutefois, il sera statué à l'avenir par le conseil de préfecture, sur les contestations qui, d'après la loi du 16 septembre 1807, devaient être jugées par une commission spéciale.

En ce qui concerne la perception des taxes, l'expropriation et l'établissement de servitudes, il sera procédé conformément aux articles 15, 16, 18 et 19 de la présente loi.

Le Gouvernement devait rester armé de ses pouvoirs à l'effet d'assurer, après que l'utilité en a été constatée, l'exécution par les propriétaires intéressés de travaux qui, à raison de leur nature spéciale, touchent directement à la sécurité et à la salubrité publiques. Tels sont : 1° les travaux de défense contre la mer, les fleuves, les torrents et les rivières navigables ou non navigables ; 2° le curage, approfondissement, redressement et régularisation des canaux et cours d'eau non navigables ni flottables ; 3° le desséchement des marais.

De là le paragraphe 1ᵉʳ de l'article 26 qui maintient en vigueur les lois de 1807 et du 14 floréal an XI, relatives à ces travaux. Le Gouvernement peut donc prescrire d'office l'exécution de travaux d'endiguement ou de curage et prononcer la concession d'un desséchement de marais en se conformant aux dispositions des lois précitées. Mais l'exercice de ce droit exige toujours, sauf pour les curages opérés conformément aux anciens règlements ou aux usages locaux, l'intervention d'un décret délibéré en Conseil d'État, et ce n'est qu'en présence d'un intérêt public incontestable que l'administration se déterminera à imposer à des propriétaires l'exécution de travaux dont ils auraient refusé de reconnaître l'utilité.

Tout en maintenant l'application des lois de l'an XI et de 1807, l'article 26, par ses paragraphes 2 et 4, y a néanmoins apporté d'importantes modifications. Ainsi, la compétence du conseil de préfecture est établie pour toutes les contestations qui, d'après la loi du 16 septembre 1807, devaient être jugées par une commission spéciale. De plus, en ce qui concerne la perception des taxes, l'expropriation des terrains et l'établissement des servitudes, il sera procédé conformément aux articles 15, 18 et 19. Ces dispositions ont pour effet d'établir pour des cas analogues, l'unité de juridiction, soit que les travaux aient été entrepris par une association autorisée, soit qu'ils aient été prescrits par un acte de l'autorité publique. (Circulaire Béhic.)

M. de Franqueville, commissaire du Gouvernement, répondant à des objections contre le paragraphe 1er de l'article 26, le justifiait en ces termes : « Remarquez bien ceci, Messieurs, la loi décide que pour constituer une association autorisée, il faut avoir la majorité soit en nombre, soit en surface, et une majorité constatée par écrit. Or, permettez-moi de vous le faire remarquer : autre chose est de ne pas avoir une majorité constatée par écrit, autre chose est d'avoir une majorité opposante. Un grand nombre de propriétaires qui n'auront pas donné une adhésion écrite ne sont pas pour cela opposants. Vous savez, Messieurs, qu'un des plus grands obstacles aux améliorations agricoles, c'est l'esprit d'inertie, c'est l'insouciance, c'est enfin cette répugnance instinctive que l'on trouve dans nos campagnes à donner une signature constituant un engagement dont on n'apprécie pas toujours les conséquences. Il se présentera donc une foule de circonstances où, même quand il n'y aura pas un nombre suffisant d'engagements écrits, les intéressés n'opposeront aucune résistance à l'exécution des travaux dont l'utilité est, en définitive, incontestable. Mais si, pour donner au Gouvernement le droit de les prescrire, on exigeait le consentement écrit de la majorité des propriétaires, on ne pourrait dans la plupart des cas exécuter ni curages, ni endiguements. La loi de 1865, au lieu de donner des résultats utiles pour l'agriculture, aurait les conséquences les plus fâcheuses puisqu'elle aurait désarmé le Gouvernement au lieu de lui donner des pouvoirs nouveaux. » (Séance du 20 mai, *Moniteur* du 21.)

Résumé de la loi du 21 juin 1865.

En résumé, la loi n'a rien négligé pour aider à la formation et au développement des associations syndicales.

Elle a consolidé leur crédit en les constituant toutes en personnes morales, et en permettant aux représentants des incapables d'y adhérer en leur nom.

Les associations autorisées reçoivent en outre de nombreux privilèges ; la volonté de la majorité ne peut être entravée par la résistance de quelques opposants. Les intéressés et les tiers n'ont qu'un mois pour recourir devant l'autorité supérieure contre l'acte d'autorisation ; les dissidents doivent dans le même délai déclarer s'ils entendent délaisser leur propriété moyennant une indemnité, et encore la faculté de délaisser ne leur est-elle pas accordée dans tous les cas. Nul ne peut contester sa qualité d'associé après l'expiration du délai de quatre mois, à partir de la notification du premier rôle des taxes ; de même, la validité de l'association devient incontestable ; les établissements de crédit peuvent sans crainte leur confier des capitaux. Quant au recouvrement des taxes, il a lieu de la manière la moins coûteuse et la plus expéditive, c'est-à-dire comme en matière de contributions directes. Le conseil de préfecture connaît des contestations qui se produisent ; s'il y a lieu d'exproprier des parcelles, l'indemnité est réglée par un jury de quatre membres et s'il s'élève des difficultés sur les servitudes établies par les lois au profit de l'association, c'est au juge de paix qu'il appartient de statuer en premier ressort.

Extension à l'Algérie de la loi de 1865.

Un décret du 31 octobre 1866 a rendu applicable à l'Algérie la loi du 21 juin 1865. On sait d'ailleurs que les conseils de préfecture d'Algérie statuent sur toutes les matières dont la connaissance est dévolue aux conseils de préfecture de France. (Conseil d'État 19 mars 1870.)

LOI DU 20 AOUT 1881.

(*Extrait.*)

*Des syndicals pour l'ouverture, le redressement, l'élar-
gissement, la réparation et l'entretien des chemins ruraux.*

Souvent les ressources des communes seront
insuffisantes pour entretenir, comme ils devraient
l'être, les anciens chemins ruraux reconnus et
pour ouvrir les nouvelles voies rurales dont la
nécessité se ferait sentir. Parfois aussi la dépense
ne présenterait pas un assez grand intérêt public
pour justifier une contribution imposée à la généralité des habitants. Il importe que les propriétaires intéressés puissent s'unir pour assurer
l'exécution de ces travaux.

Le législateur en 1865 n'avait pas cru devoir
autoriser les associations syndicales formées pour
les chemins ruraux. Ces chemins appartenant aux
communes, et ayant un caractère public, il lui
semblait que l'autorité municipale pouvait seule
en avoir la police et l'administration. Après un
examen approfondi de la question, il a pensé que
si la police des chemins ruraux ne devait pas être
attribuée à une simple association de proprié-

taires, les actes de gestion concernant ces chemins pouvaient, sans inconvénients, être confiés à une pareille association, sous la surveillance et le contrôle du maire et du préfet.

Les articles 19 à 32 de la loi du 20 août 1881 déterminent les conditions et les formes de l'institution des associations syndicales en matière de voirie rurale, l'organisation, la nature, les limites et le mode d'exercice des pouvoirs de ces associations, les règles de compétence à suivre pour la solution des difficultés qui seront soulevées par leur création ou leur action.

Art. 19. — Lorsque l'ouverture, le redressement ou l'élargissement d'un chemin a été autorisé conformément à l'article 13 et que les travaux ne sont pas exécutés ou lorsqu'un chemin reconnu n'est pas entretenu par la commune, le maire peut d'office ou doit, sur la demande qui lui est faite par trois intéressés au moins, convoquer individuellement tous les intéressés. Il les invite à délibérer sur la nécessité des travaux et à se charger de leur exécution, tous les droits de la commune restant réservés. Il recueille les suffrages, constate le vote des personnes présentes qui ne savent pas signer et mentionne les adhésions envoyées par écrit.

La réunion des intéressés dont il est question dans l'article ci-dessus correspond à l'assemblée générale prescrite par l'article 11 de la loi de 1865. L'initiative n'appartient pas, comme pour l'article 9 de la loi de 1865, au préfet ou à un ou plusieurs intéressés, mais au maire de la commune ou à trois intéressés au moins. Les statuts qui régleront les rapports des associés seront contenus dans le procès-verbal de la séance. Il faut remarquer que les syndicats, formés conformément à la loi du 20 août 1881, n'ont que la gestion matérielle des chemins ruraux en vue desquels ils ont été constitués, la police en demeure réservée à l'autorité municipale.

Art. 20. — Si la moitié plus un des intéressés, représentant au moins les deux tiers de la superficie des propriétés desservies par le chemin, ou si les deux tiers des intéressés représentant plus de la moitié de la superficie consentent à se charger des travaux nécessaires pour mettre ou maintenir la voie en état de viabilité, l'association est constituée.

Elle existe même à l'égard des intéressés qui n'ont pas donné leur adhésion.

Pour les travaux d'amélioration et d'élargissement partiel, l'assentiment de la moitié plus un des intéressés représentant au moins les trois quarts de la superficie des propriétés desservies ou des trois quarts des intéressés représentant plus de la moitié de la superficie, sera exigé.

Pour les travaux d'ouverture, de redressement et

d'élargissement d'ensemble, le consentement unanime des intéressés sera nécessaire.

Les conditions de la formation du syndicat sont d'autant plus rigoureuses que les charges des propriétaires intéressés peuvent être grandes. Il est à remarquer aussi que la base de l'intérêt des personnes appelées à constituer une association syndicale n'est pas la valeur, mais la superficie des propriétés. Ce mode d'évaluation a paru préférable ; mais on ne doit y recourir que pour la formation de l'association : celle-ci une fois constituée, la participation aux charges devra être proportionnelle, non à la superficie seule, mais à l'intérêt véritable que présentera l'entreprise pour chacun des associés. (Circul. minist. du 27 août 1881.)

Art. 21. — Le maire dresse un procès-verbal et constate la formation de l'association, en spécifie le but, fait connaître sa durée, le mode d'administration qui a été adopté, le nombre des syndics, l'étendue de leurs pouvoirs et enfin les voies et moyens qui ont été votés.

Art. 22. — Ce procès-verbal est transmis au préfet par le maire avec son avis et l'avis du conseil municipal.

Si toutes les formalités exigées ont été remplies, le préfet autorise l'association ; dans le cas contraire, il la refuse. Ce magistrat n'a pas à examiner la question d'utilité des travaux ; l'appréciation exclusive en est laissée aux intéressés. Mais si la commune a consenti à contribuer aux travaux, il appartient au préfet d'apprécier le mode et le chiffre de la subvention accordée par le conseil municipal et de refuser son approbation, si ce concours lui paraît présenter des inconvénients.

Art. 23. — Un extrait du procès-verbal constatant la constitution de l'association et l'arrêté du préfet, en cas d'approbation, ou, en cas de refus, l'arrêté du préfet, sont affichés dans la commune où le chemin est situé et publié dans le *Recueil des actes de la préfecture.*

Art. 24. — Les syndics de l'association sont élus en assemblée générale. Si la commune a accordé une subvention, le maire nomme un nombre de syndics proportionnel à la part que la subvention représente dans l'ensemble de l'entreprise. Les autres syndics sont nommés par le préfet, dans le cas où l'assemblée générale, après deux convocations, ne se serait pas réunie ou n'aurait pas procédé à leur élection.

Cet article reproduit à peu près les dispositions contenues dans les articles 22 et 23 de la loi du 21 juin 1865.

Art. 25. — Les associations ainsi constituées peuvent ester en justice par leurs syndics ; elles peuvent emprunter. Elles peuvent aussi acquérir les parcelles de terrain nécessaires pour l'amélioration, l'élargissement, le redressement ou l'ouverture du chemin régulièrement entrepris; les terrains réunis à la voie publique deviennent la propriété de la commune.

« La décision de la commission départementale ou du chef de l'État qui aura déclaré d'utilité publique l'ouverture, le redressement, ou l'élargissement du chemin, autorisera formellement ou implicitement l'acquisition des terrains à occuper. Les syndics pourront y procéder à l'amiable ou par voie d'expropriation. Ils devront, au surplus, se conformer à cet égard aux restrictions que les statuts auraient apportées à leurs pouvoirs. Ils devront également se conformer aux dispositions de cette nature que contiendraient les statuts de l'association relativement soit aux actions à intenter ou à soutenir, soit aux emprunts à contracter. » (Circ. min. 27 août 1881.) Ces syndicats ne peuvent ni aliéner ni hypothéquer.

Art. 26. — Le syndicat détermine le mode d'exécution des travaux, soit en nature, soit en taxe; il répartit les charges entre les associés proportionnellement à leur intérêt; il règle l'accomplissement des travaux en nature ou le recouvrement des taxes en un ou plusieurs exercices.

Art. 27. — Les rôles pour le recouvrement de la taxe due par chaque intéressé sont dressés par le syndicat, approuvés, s'il y a lieu, et rendus exécutoires par le préfet, qui peut ordonner préalablement la vérification des travaux. Ces rôles sont recouvrés dans la forme des contributions directes, par le receveur municipal.

Dans ces rôles seront compris les frais de perception, dont le montant sera déterminé par le préfet, sur l'avis du trésorier-payeur général.

Ces deux articles fixent plusieurs points qui avaient été omis dans la loi du 21 juin 1865 ; leurs dispositions permettront en certains cas de suppléer aux lacunes de cette loi.

Art. 28. — Dans le cas où l'exécution des travaux entrepris par l'association syndicale exige l'expropriation de terrains, il y est procédé conformément à l'article 13.

C'est-à-dire dans les formes prévues par l'article 16 de la loi du 21 mai 1836 sur les chemins vicinaux. Le jury spécial, chargé de régler les indemnités, ne sera composé que de quatre membres ; son procès-verbal emportera translation définitive de propriété.

Art. 29. — A défaut par une association d'entreprendre les travaux pour lesquels elle a été autorisée, le préfet rapportera, s'il y a lieu, et après mise en demeure, l'arrêté d'autorisation. Dans le cas où l'interruption ou le défaut d'entretien des travaux entrepris par une association pourrait avoir des conséquences nuisibles à l'intérêt public, le préfet, après mise en demeure, pourra faire procéder d'office à l'exécution des travaux nécessaires pour obvier à ces conséquences.

Cette exécution d'office aurait lieu aux frais de l'association. Mais il est nécessaire qu'une mise en demeure ait été préalablement adressée au syndicat.

Les dispositions ci-dessus sont semblables à celles de l'article 25 de la loi de 1865.

Art. 30. — Les intéressés et les tiers peuvent déférer au ministre de l'intérieur, dans le délai d'un mois, à partir de l'affiche, les arrêtés qui autorisent ou refusent d'autoriser les associations syndicales. Le recours est déposé à la préfecture et transmis avec le dossier au ministre dans le délai de quinze jours. Il est statué par un décret rendu en Conseil d'État.

Cet article reproduit à peu près les dispositions de l'article 13 de la loi de 1865, avec cette différence qu'au lieu du ministre des travaux publics c'est au ministre de l'intérieur que les arrêtés préfectoraux devront être déférés.

Art. 31. — Toutes les contestations relatives au défaut de convocation d'une partie intéressée, à l'absence ou au défaut d'intérêt des personnes appelées à l'association, ou au degré d'intérêt des associés ainsi qu'à la répartition, à la perception et à l'accomplissement des taxes et prestations, à la nomination des syndics, à l'exécution des travaux et aux mesures ordonnées par le préfet en vertu du dernier paragraphe de l'article 29, sont jugées par le conseil de préfecture sauf recours au Conseil d'État.

Il est procédé à l'apurement des comptes de l'association selon les règles établies pour les comptes des receveurs municipaux.

La règle de compétence est ici la même que pour les associations autorisées de la loi de 1865. D'ailleurs toutes les dispositions de ladite loi qui ne sont pas contraires à celles de la loi du 20 août 1881 semblent devoir être applicables aux syndicats constitués en vue de l'amélioration des chemins ruraux.

Art. 32. — Nulle personne comprise dans l'association ne pourra contester sa qualité d'associé ou la validité de l'acte d'association après le délai de trois mois à partir de la notification du premier rôle des taxes ou prestations.

Les propriétaires qui protestent contre la constitution d'un syndicat telle qu'elle résulte de la loi de 1881 sont dans la situation de ceux qui ont été compris, malgré eux, dans une association formée conformément à la loi de 1865. Ils pourront attaquer l'arrêté préfectoral dans le mois de l'affiche en vertu de l'article 30, ou le déférer au Conseil d'État dans le délai de 3 mois pour excès de pouvoirs.

Résultats de l'application de la loi du 20 août 1881.

Le législateur a bien fait d'autoriser la création de syndicats pour l'entretien et la construction des chemins ruraux, il a ainsi réparé une des plus regrettables omissions de la loi de 1865. Mais, dans la pratique, les résultats de l'application de la loi du 20 août 1881 ont été médiocres ; il n'a été constitué qu'un très petit nombre de syndicats. Peut-être les formalités, exigées pour leur formation, sont-elles trop compliquées, notamment au point de vue de la majorité légale à réunir ? L'utilité des associations de ce genre n'est pas assez comprise par les habitants de nos campagnes. Il est à désirer que les particuliers, comme les communes et les administrations départementales, montrent plus d'empressement que par le passé dans l'application de cette loi.

LOI DU 22 DÉCEMBRE 1888.

Travaux préparatoires.

Les travaux présentant un intérêt agricole pouvaient seuls, d'après la loi de 1865, être l'objet d'associations syndicales ; mais un mouvement d'opinion ne devait pas tarder à se produire en faveur de l'extension de cette loi aux travaux concernant les villes.

En 1872, au Conseil général de la Seine, M. Leveillé fit adopter un vœu dans ce sens ; en 1877, MM. Floquet et Nadaud présentèrent une proposition de loi ayant pour objet d'ajouter à la nomenclature des travaux prévus par l'article 1er de la loi de 1865 un neuvième paragraphe réalisant le vœu du Conseil général de la Seine. M. Nadaud obtint, le 4 février 1886, que l'urgence fût déclarée sur son projet qui, après diverses modifications dues au rapport déposé au Sénat par M. Barne, revint devant la Chambre et fut définitivement adopté le 27 novembre 1888, sur un rapport supplémentaire de M. Develle.

Objet et commentaire général de la loi.

Nous ne croyons pas superflu d'emprunter au rapporteur même de la loi, l'honorable M. Yves Guyot, le commentaire général de la loi tel qu'il l'a exposé dans une lettre d'envoi à ses anciens collègues du conseil général de la Seine et du conseil municipal de Paris.

Permettez-moi de vous signaler rapidement, dit M. Yves Guyot, l'utilité qui peut résulter de la loi nouvelle pour les travaux des villes et l'économie qu'elle doit apporter dans leurs finances.

La loi de 1865 a distingué deux sortes d'associations syndicales : les associations libres et les associations autorisées.

Les associations libres peuvent se former au gré des propriétaires, dont l'adhésion unanime est nécessaire.

Les associations autorisées deviennent obligatoires pour les propriétaires dissidents ; ceux-ci sont mis dans l'alternative ou de délaisser leurs propriétés ou d'être expropriés, moyennant indemnité.

D'après la loi de 1865, les associations syndicales ne pouvaient recevoir l'autorisation que pour les travaux énumérés dans l'article 1er ; il n'était pas question dans la loi des travaux des villes.

La loi actuelle apporte deux modifications essentielles à la loi de 1865.

Elle ajoute à l'article 1er deux paragraphes comprenant : 1° les travaux d'assainissement dans les villes et faubourgs, bourgs, villages et hameaux ; 2° les travaux d'ouverture, d'élargissement, de prolongement et de pavage de voies publiques et de toute autre amélioration ayant un caractère d'intérêt public.

Ensuite elle rend susceptibles d'autorisation les associations syndicales qui étaient auparavant exclues de cette faculté.

Il est vrai que pour ces dernières, ainsi que pour les travaux d'amélioration des villes, l'autorisation sera subordonnée à un décret du Conseil d'État au lieu d'être simplement l'objet d'un arrêté préfectoral : cette disposition a été ajoutée par la prudence du Sénat : nous l'avons acceptée, car, l'expropriation pour cause d'utilité publique devant être précédée d'un décret rendu en Conseil d'État, cette précaution n'est qu'une superfétation.

Nous espérons qu'elle ne paralysera pas les efforts de l'initiative privée.

Voici des propriétaires qui veulent l'achèvement d'une rue, le percement d'une voie, un travail de voirie quelconque, qui peuvent donner une plus-value à leurs propriétés ; ils réclament depuis longtemps ces travaux ; on les remet d'année en année, les finances municipales étant grevées de demandes semblables dans tous les quartiers de la ville.

La loi nouvelle donne à ces propriétaires le droit de se syndiquer ; il y a parmi eux un ou deux récalcitrants ou bien une propriété possédée par des incapables ; la loi nouvelle leur permet d'englober ces propriétés dans leur syndicat.

Alors, ils peuvent entreprendre ces travaux à leurs frais ou aller trouver le conseil municipal et lui dire : « Nous sommes prêts à contribuer à ce travail, mais il est trop lourd pour nos propres ressources ; si nous en profitons, la ville en profitera aussi ; quelle subvention nous donnez-vous? »

D'un autre côté, aux sollicitations de travaux, le conseil municipal aura le droit de répondre : « Vous jugez ce travail indispensable pour votre quartier! soit, formez un syndicat et contribuez à ce travail en raison de l'utilité que vous lui attribuez. »

C'est la mise en pratique de l'article 30 de la loi de 1807 qui spécifiait que les propriétés qui, par l'ouverture de nouvelles rues, auraient acquis une notable augmentation de valeur, pouvaient être chargées de payer une indemnité pouvant s'élever à la moitié de la valeur des avantages qu'elles auraient acquis : depuis ce temps, des centaines de kilomètres de rues et de places ont été ouverts ; la propriété de la plupart des villes a reçu de ces travaux des plus-values considérables ; l'article 30 est resté lettre morte, pourquoi? Parce qu'il ne pouvait intervenir qu'une fois les travaux accomplis.

Avec la nouvelle loi ce sera auparavant.

Les conseils municipaux devront inviter les propriétaires à fixer librement la valeur probable de cette plus-value et à y proportionner leurs offres.

Cette loi doit alléger les charges des villes, la plupart

grevées d'emprunts, occasionnés par les travaux publics, et dont les arrérages sont prélevés sur les ressources de l'octroi.

Les contribuables les plus nombreux, qui ne sont pas propriétaires, ont le droit de protester contre ce système qui leur fait payer la plus grande part de la plus-value des immeubles. Avec la loi actuelle les conseils municipaux pourront mettre en demeure les propriétaires d'y apporter une part contributive dont le taux sera déterminé par eux-mêmes. Ce sera une forme de l'impôt volontaire.

Cette loi doit être d'un puissant secours dans les moments de dépression où les entrepreneurs, ayant besoin d'utiliser leur matériel, de conserver un courant d'affaires, sont disposés à réduire leurs prix à un taux aussi bas que possible. Les propriétaires ont donc intérêt alors à entreprendre de grands travaux, car ils peuvent le faire au meilleur compte; et ces travaux ainsi engagés auront l'avantage, en même temps que d'être accomplis, de hâter la fin de la crise et, dans certaines conjonctures, de la conjurer.

En un mot, cette loi doit avoir un double résultat : développement de l'initiative privée dans les travaux des villes; économie dans les finances municipales en raison de cette participation. (Extrait du *Bulletin municipal officiel de Paris* du 28 décembre 1888.)

COMMENTAIRE DE LA LOI DU 22 DÉCEMBRE 1888.

Art. 1er. — L'article 1er de la loi du 21 juin 1865 est modifié ainsi qu'il suit :

« Peuvent être l'objet d'une association syndicale, entre propriétaires intéressés, l'exécution et l'entretien des travaux :

1° De défense contre la mer, les fleuves, les torrents et rivières navigables ou non navigables ;

2° De curage, approfondissement, redressement et régularisation des canaux et cours d'eau non navigables ni flottables et des canaux de desséchement et d'irrigation ;

3° De desséchement des marais ;

4° Des étiers et ouvrages nécessaires à l'exploitation des marais salants ;

5° D'assainissement des terres humides et insalubres ;

6° D'assainissement dans les villes et faubourgs, bourgs, villages et hameaux ;

7° D'ouverture, d'élargissement, de prolongement et de pavage de voies publiques, et de tout autre aménagement ayant un caractère d'intérêt public, dans les villes et faubourgs, bourgs, villages ou hameaux;

8° D'irrigation et de colmatage ;

9° De drainage ;

10° De chemins d'exploitation et de toute autre amélioration agricole d'intérêt collectif. »

La rédaction du n° 7 de cet article indique bien que les travaux dont il s'agit peuvent être exécutés dans toutes les localités où il existe une agglomération d'habitants.

Certains travaux ne peuvent être compris dans les limites de la nouvelle loi; par exemple, la construction des églises ou des écoles. C'était des travaux de voirie que se préoccupaient les auteurs du projet : « Dans notre esprit, dit M. Mir, rapporteur, le périmètre ne doit, autant que possible, comprendre que les terrains mêmes sur lesquels, ou le long desquels seront exécutés les travaux. Les propriétaires des terrains qui ne sont pas directement touchés par les travaux ne doivent pas, en principe, faire partie de l'association syndicale. »

Ni la construction d'un marché, ni l'exploitation de la pêche dans les cours d'eau non navigables ni flottables, ni l'exploitation du droit de chasse même contre les animaux nuisibles, ne peuvent faire l'objet d'une association syndicale entre les propriétaires d'une ou plusieurs communes.

Le Sénat a rejeté un amendement tendant à appliquer les bénéfices de la loi à l'exploitation de la pêche.

Art. 2. — Il est ajouté à l'article 4 de la loi du 21 juin 1865 un second paragraphe ainsi conçu :

« Pourront adhérer à une association syndicale les préfois pour les biens des départements, s'ils y sont autorisés par des délibérations du conseil général ; les maires ou administrateurs pour les biens des communes ou des établissements publics, s'ils y sont autorisés par délibération du conseil municipal ou du conseil d'administration ; pour les biens de l'État, le ministre des finances. »

Cet article règle le mode d'adhésion à une association syndicale pour les biens situés dans le périmètre à syndiquer, qu'ils appartiennent à l'État, aux départements, aux communes ou aux établissements publics.

En ce qui concerne les biens de l'État, il n'est pas nécessaire que le Président de la République intervienne par un décret rendu en conseil des ministres, le Sénat n'a pas admis cette nécessité ; le droit d'adhésion à l'association syndicale a été conféré au ministre des finances ainsi qu'il est établi par l'avant-dernier paragraphe de l'article 13 de la loi du 3 mai 1841, en matière d'expropriation.

Art. 3. — L'article 9 de la loi du 21 juin 1865 est modifié de la manière suivante :

« Les propriétaires intéressés aux travaux spécifiés dans les six premiers numéros de l'article 1er pourront être réunis par un arrêté préfectoral en associations syndicales autorisées, soit sur la demande d'un ou plusieurs d'entre eux, soit sur l'initiative du maire ou du préfet.

« Les propriétaires intéressés aux travaux compris dans les n°ˢ 7, 8, 9 et 10 du même article pourront être réunis dans les mêmes conditions en associations syndicales autorisées, lorsque ces travaux auront été reconnus d'utilité publique par un décret rendu en Conseil d'État.

« Dans les cas prévus par les n° 7, 8, 9 et 10, aucun travail ne pourra être entrepris que sur l'autorisation du préfet. Cette autorisation ne pourra être donnée qu'après paiement préalable des indemnités de délaissement et d'expropriation et que si les membres de l'association syndicale autorisée ont garanti le paiement des travaux, des fournitures et des indemnités pour dommages au moyen de sûretés acceptées par les parties intéressées ou déterminées, en cas de désaccord, par le tribunal civil.

« En cas d'insolvabilité de l'association syndicale, les tiers qui ont éprouvé un dommage par suite de l'exécution des travaux, ont un recours contre la commune, contre le département ou contre l'État, si la commune, le département ou l'État est intéressé aux travaux et en a profité. »

D'après l'article 9 de la loi de 1865, les propriétaires intéressés ne pouvaient être réunis, par arrêté préfectoral, en association syndicale autorisée, que sur leur demande ou sur l'initiative du préfet ; la loi de 1888 y a ajouté l'initiative des maires ; il est juste, en effet, que l'administration municipale puisse avoir l'initiative de former un syndicat autorisé, puisqu'elle représente le principal intérêt des travaux à exécuter dans une commune.

Le deuxième paragraphe de notre article a fait cesser la distinction qu'on établissait entre les travaux de défense et ceux de simple amélioration ; les uns et les autres peuvent être l'objet d'une association syndicale autorisée. Il faut, pour la délivrance de l'autorisation préfectorale, que les travaux visés par les n°s 7, 8, 9 et 10 aient été reconnus d'utilité publique par un décret rendu en Conseil d'État.

Aux termes du paragraphe 3, il faut aussi, pour que l'autorisation du préfet puisse être donnée, que les indemnités de délaissement et d'expropriation aient été préalablement payées. Un propriétaire exproprié ne peut pas être privé de son immeuble avant d'avoir reçu le paiement de l'indemnité fixée par le jury. S'il s'agit de délaissement, il y a lieu d'appliquer l'article 1612 du Code civil, d'après lequel le propriétaire n'est pas tenu de délivrer la chose vendue tant que le prix n'en a pas été payé par l'acheteur.

Enfin, l'autorisation préfectorale est encore

subordonnée à la condition que les membres de l'association syndicale garantiront le paiement des travaux, des fournitures et des indemnités pour dommages au moyen de sûretés acceptées par les parties intéressées, ou, en cas de désaccord, déterminées par le tribunal civil. La commission du Sénat a introduit dans la loi la nécessité de cette garantie, afin d'augmenter la sécurité des créanciers des syndicats (bailleurs de fonds, entrepreneurs de travaux, etc.), et de fortifier le crédit de ces associations.

Le quatrième paragraphe vise les tiers qui éprouvent un dommage direct et matériel par suite de l'exécution des travaux, difficulté d'accès, remblais, privation de jour et d'air. Cette responsabilité de l'État, du département et de la commune est reconnue par la jurisprudence, en cas d'insolvabilité du concessionnaire. (Aucoc, t. II, p. 403.) (Sénat, 6 novembre 1888, rapport de M. Develle, p. 21.)

Art. 4. — Il est ajouté au premier paragraphe de l'article 11 de la loi du 21 juin 1865 un paragraphe ainsi conçu :

« Dans le cas où la commune ne figure pas parmi les propriétaires présumés intéressés, le maire, sur l'initiative de qui l'association syndicale a été constituée, a néanmoins entrée à l'assemblée générale, mais avec voix consultative seulement. Le même droit appartient au préfet qui a pris l'initiative, si l'État ou le département ne figure pas parmi les propriétaires présumés intéressés. Le préfet et le maire peuvent se faire représenter à l'assemblée générale. »

L'article 4 garantit un droit de contrôle aux représentants de la commune, du département et de l'État.

Art. 5. — L'article 12 de la loi du 21 juin 1865 est modifié ainsi qu'il suit :

« Pour les travaux spécifiés aux n°° 1, 2, 3, 4 et 5 de l'article 1ᵉʳ, si la majorité des intéressés représentant au moins les deux tiers de la superficie des terrains ou les deux tiers des intéressés, représentant plus de la moitié de la superficie, ont donné leur adhésion, le préfet autorise, s'il y a lieu, l'association. Pour les travaux spécifiés aux n°ˢ 6, 7, 8, 9 et 10 du même article, le préfet ne pourra autoriser l'association qu'au cas d'adhésion des trois quarts des intéressés, représentant plus des deux tiers de la superficie et payant plus des deux tiers de l'impôt foncier afférent aux immeubles, ou des deux tiers des intéressés représentant plus des trois quarts de la superficie et payant plus des trois quarts de l'impôt foncier afférent aux immeubles.

« Un extrait de l'acte d'association et l'arrêté du préfet en cas d'autorisation et, en cas de refus, les arrêtés du préfet sont affichés dans les communes de la situation des lieux et insérés dans le *Recueil des actes de la préfecture*.

« Pour les travaux spécifiés dans les paragraphes 6 et 7 de l'article 1er, l'autorisation du préfet devra être précédée d'un avis conforme du conseil municipal, si les travaux intéressent la commune ; du conseil général, si les travaux intéressent le département, et de ces deux assemblées, si les travaux intéressent à la fois la commune et le département. »

La commission de la Chambre des députés avait, pour la proportion des propriétés et des propriétaires nécessaires à la constitution de tous les syndicats, conservé les dispositions de la loi de 1865.

Le Sénat les a modifiées pour les travaux spécifiés aux nos 6, 7, 8, 9 et 10 de l'article 1er ; il a fait ainsi intervenir la valeur des propriétés dans la quotité nécessaire pour la formation d'un syndicat.

Art. 6. — L'article 14 de la loi du 21 juin 1865 est ainsi modifié :

« S'il s'agit des travaux spécifiés aux nos 3, 4, 5, 6, 7, 8, 9 et 10 de l'article 1er, les propriétaires qui n'auront pas adhéré au projet d'association pourront, dans le délai d'un mois ci-dessus déterminé, déclarer à la préfecture qu'ils entendent délaisser, moyennant indemnité, les terrains leur appartenant et compris dans le périmètre. Il leur sera donné récépissé de la déclaration.

« L'indemnité à la charge de l'association sera fixée conformément à la loi du 3 mai 1841, pour les travaux spécifiés aux n°ˢ 6 et 7 de l'article 1ᵉʳ, et conformément à l'article 16 de la loi du 21 mai 1836 pour les travaux énumérés aux n°ˢ 4, 5, 8, 9 et 10.

« Si des biens de mineurs, d'interdits, d'absents ou autres incapables sont compris dans le périmètre, les tuteurs, ceux qui ont été envoyés en possession et tous représentants des incapables peuvent, après l'autorisation du tribunal, donnée sur requête en chambre du conseil, le ministère public entendu, déclarer qu'ils entendent délaisser lesdits biens.

« Le tribunal ordonne les mesures de conservation. Ces dispositions sont applicables aux immeubles dotaux. Les préfets pourront, dans le même cas, délaisser les biens des départements, s'ils y sont autorisés par délibération du conseil général ; les maires ou administrateurs pourront délaisser les biens des communes et des établissements publics, s'ils y sont autorisés par délibérations du conseil municipal ou du conseil d'administration ; le ministre des finances peut délaisser les biens de l'État. »

La loi de 1865 disposait déjà que les propriétaires intéressés qui refusaient d'adhérer à la formation du syndicat, pouvaient délaisser leurs domaines ; mais, à l'égard des incapables, elle ne contenait aucune disposition. Le délaissement ayant le même résultat que l'expropriation, il était naturel de lui appliquer, par analogie, les règles édictées par l'article 13 de la loi du 3 mai 1841.

C'est par le jury ordinaire que sera réglée l'indemnité pour les entreprises prévues sous les n°s 6 et 7 de l'article 1er; au contraire, pour les cas prévus aux n°s 4, 5, 8, 9 et 10, l'indemnité à la charge de l'association est fixée par le petit jury, composé de 4 membres, suivant l'article 16 de la loi du 21 mai 1836.

Art. 7. — L'article 18 de la loi du 21 juin 1865 est ainsi modifié :

« Dans le cas où l'exécution des travaux entrepris par une association syndicale autorisée exige l'expropriation de terrains, il y est procédé conformément aux dispositions de la loi du 3 mai 1841, s'il s'agit de travaux spécifiés dans les n°s 6 et 7 de l'article 1er de la loi du 21 juin 1865 et conformément aux dispositions de la loi du 21 mai 1836, après déclaration d'utilité publique, par décret rendu en Conseil d'État, s'il s'agit d'autres travaux. »

On avait proposé d'ajouter à l'article 7 un paragraphe dont le but était de supprimer la nécessité des enquêtes prescrites par la loi de 1841 pour parvenir à la déclaration d'utilité publique et de tenir pour suffisante l'enquête exigée par l'article 10 de la loi de 1865 ; cette addition n'a pas été admise par le Sénat.

Art. 8. — L'article 23 de la loi du 21 juin 1865 est remplacé par l'article suivant :

« Lorsque sur la demande du syndicat, il lui est accordé une subvention par l'État, par le département, par une commune ou par une chambre de commerce, cette subvention donne droit à la nomination, suivant les cas, par le préfet, par la commission départementale, par le conseil municipal ou par la chambre de commerce d'un nombre de syndics proportionné à la part que la subvention représente dans l'ensemble de l'entreprise. »

Art. 9. — Il est ajouté à la loi du 21 juin 1865 un article 27 ainsi conçu :

« Un règlement d'administration publique déterminera les dispositions nécessaires pour l'exécution de la présente loi. »

Ce règlement devra répondre notamment aux questions suivantes : Quels sont les pouvoirs du directeur et des syndics ? Comment procédera-t-on pour déterminer l'intérêt des propriétés aux travaux et pour répartir la dépense ? Quel sera le rôle de l'autorité supérieure ?

Une commission présidée par M. Bouffet vient d'élaborer entièrement ce règlement d'administration publique qui est soumis au Conseil d'État et sera prochainement publié.

Résumé de la législation en vigueur.

La législation en vigueur sur les associations syndicales a été résumée très nettement par M. Lalande dans son ouvrage sur *les cours d'eau*. Nous ne saurions faire mieux que de reproduire son exposé :

Il y a trois sortes d'associations syndicales : les associations libres, les associations autorisées et les associations forcées. Cette dernière catégorie, qui devient de plus en plus rare, ne peut être formée que dans les cas prévus par la loi, c'est-à-dire pour les travaux énumérés dans l'article 26 de la loi de 1865, intéressant la sécurité ou la salubrité générale et n'ayant point pour objet une simple amélioration : défense contre la mer, les fleuves, les torrents et les rivières navigables ou non navigables ; curage, approfondissement, redressement ou régularisation des canaux et cours d'eau non navigables ni flottables, desséchement de marais. Ainsi, il y aurait un excès de pouvoir manifeste à réunir en association forcée des propriétaires pour l'irrigation de leurs héritages. (Conseil d'État, 2 mai 1866.) En principe, ces syndicats forcés ne peuvent être constitués que par un décret rendu en la forme des règlements d'administration publique (Conseil d'État, 13 mars 1867) sans qu'il soit nécessaire de faire précéder ce décret d'une enquête.

Les travaux qu'entreprennent les associations syndicales autorisées ont le caractère de travaux publics.

Les règles à suivre en ce qui concerne la formation des associations autorisées sont contenues dans le décret réglementaire du 17 novembre 1865.

L'initiative de la formation du syndicat peut être prise par un ou plusieurs intéressés, par le maire ou par le préfet.

La demande des intéressés n'est soumise à aucune forme particulière, et si aucune réponse ne leur était faite par le préfet, ils auraient à s'adresser au ministre.

Le préfet, saisi de la demande, doit ordonner une enquête sur les plans, avant-projets et devis des travaux de l'association. Le plan soumis à l'enquête doit indiquer le périmètre des terrains intéressés et être accompagné de l'état des propriétaires de chaque parcelle. Les plans, avant-projets et devis peuvent être dressés par les ingénieurs des ponts et chaussées. Ceux-ci sont alors rémunérés aux frais du syndicat et leurs honoraires sont calculés conformément au règlement du 10 mai 1854. Lorsqu'ils ont accepté cette mission avec l'autorisation de leurs chefs hiérarchiques, les ingénieurs sont réputés agir dans l'exercice de leurs fonctions : aucune action en responsabilité ne peut être dirigée contre eux à ce sujet. (Conseil d'État, 11 nov. 1881.)

Les pièces sont déposées à la mairie de la commune sur le territoire de laquelle les travaux doivent être exécutés. Avis de ce dépôt doit être donné dans toute l'étendue de la commune, à son de trompe, ou de caisse, et avec affiches. Les propriétaires en sont avertis par une notification administrative, au plus tard dans les cinq jours qui suivent l'ouverture de l'enquête.

Pendant 20 jours à partir de l'ouverture de l'enquête, un registre dans chaque mairie intéressée est destiné à recevoir toutes les observations relatives aux travaux et à la formation du syndicat. Après la clôture de l'enquête, le préfet convoque en assemblée générale les propriétaires qui sont présumés devoir profiter des travaux. L'article 12 de la loi du 21 juin 1865, modifié par la loi du 22 décembre 1888, indique quelle est la majorité nécessaire pour que l'association puisse être valablement autorisée.

Quant aux contestations, tout propriétaire intéressé peut former par la voie administrative un recours au ministre contre l'arrêté préfectoral autorisant l'association (art. 13). En outre, le même arrêté peut être déféré, pour excès de pouvoirs, par la voie de contentieux devant le Conseil d'État ; le recours doit être formé dans le délai de 3 mois (Conseil d'État, 6 juin 1879). Enfin tout intéressé est admis à contester la validité de l'association devant le conseil de préfecture à l'appui d'une demande en décharge de la taxe ; le recours doit être formé dans le délai de 3 mois à partir de la publication des rôles (Conseil d'État, 4 décembre 1874), mais ne peut l'être avant que les rôles aient été déclarés exécutoires (Conseil d'État, 27 mai 1857). Les décisions du conseil de préfecture peuvent être l'objet d'un recours au Conseil d'État.

TROISIÈME PARTIE

QUESTIONS PARTICULIÈRES D'ADMINISTRATION DES SYNDICATS.

Avis de jurisprudence.

La loi a omis de régler bien des points concernant l'organisation et l'administration des syndicats. Les statuts de chaque association et les avis de jurisprudence ont réparé la plupart de ces omissions. Nous reproduisons ci-dessous les solutions données à diverses questions d'un intérêt particulier :

Attributions des membres de la commission syndicale.

La commission syndicale pourvoit aux moyens d'assurer l'exécution, l'entretien et la conservation des travaux. Elle est chargée notamment :

De faire rédiger, lorsqu'il en est besoin, les projets de ces travaux, de les arrêter et d'en déterminer le mode d'exécution ;

De passer les marchés et les adjudications, de veiller à l'accomplissement de toutes leurs conditions ; de dresser l'état général des terrains intéressés aux travaux ; de fixer la part contributive de chaque propriétaire dans le paiement des dépenses ;

D'arrêter les budgets annuels ;

De contracter les emprunts nécessaires à l'association, après que ces emprunts ont été votés par l'assemblée générale ;

De désigner tous experts, de nommer tous agents chargés d'opérations ou fonctions intéressant l'association ;

D'autoriser toutes actions devant les tribunaux judiciaires et administratifs ;

De recevoir le compte administratif du directeur ;

De contrôler et vérifier la comptabilité du receveur de l'association ;

Enfin de donner son avis sur tous les intérêts de la communauté et de proposer tout ce qu'elle croit utile aux propriétaires associés.

Les travaux des syndicats autorisés sont des travaux publics.

L'autorisation donnée par le gouvernement aux associations syndicales confère aux travaux qu'elles entreprennent le caractère de travaux publics et permet de recourir à l'expropriation ; la déclaration d'utilité publique doit être précédée de l'enquête prévue par la loi du 3 mai 1841. C'est ce qui résulte de la jurisprudence dont les errements ont été consacrés par la loi de 1865.

Pour que les travaux d'une association syndicale soient considérés comme travaux publics, il faut qu'il y ait une association valable. (Cons. d'État, 30 mars 1870. Syndicat de la Divelle.) Il faut en outre qu'il s'agisse des travaux en vue desquels le syndicat a été constitué et non de travaux entrepris dans un autre but.

On sait de quelles faveurs spéciales sont entourés les travaux qui ont le caractère de travaux publics : non seulement ils entraînent l'expropriation des terrains nécessaires à leur exécution, mais encore ils peuvent grever les propriétés avoisinantes de servitudes d'occupation temporaire et d'extraction de matériaux et les contestations qu'ils soulèvent sont réglées par le conseil de préfecture, sauf recours au Conseil-d'État.

Dommages causés par les travaux d'un syndicat.

Le conseil de préfecture chargé d'évaluer un dommage causé par les travaux d'un syndicat ne peut qu'allouer une réparation pécuniaire ; il ne peut ordonner la construction d'ouvrages destinés à empêcher le dommage à l'avenir. (Arrêt du Conseil d'État, 12 novembre 1875.)

Un syndicat qui, pour les travaux d'approfondissement et d'élargissement du lit d'une rivière, a causé certains dommages à un pont communal, doit être condamné à payer une indemnité à la commune. (Arr. du Conseil d'État, 6 décembre 1865.)

Lorsque les travaux d'endiguement ont causé une dépréciation à des terrains compris dans le périmètre du syndicat, le propriétaire de ces terrains n'est pas fondé à réclamer une indemnité de ce chef, s'il a déjà fait valoir le préjudice dont il se plaint devant la commission spéciale de classement et ne s'est pas pourvu contre la décision par laquelle elle a statué sur sa réclamation ; cette réclamation ne pourrait être admise que dans le cas où un travail nouveau serait venu aggraver la position du réclamant postérieurement à la décision de la commission spéciale. (Arrêt du Conseil d'État du 14 mars 1873.)

Questions de compétence.

C'est le conseil de préfecture qui connaît, sauf recours au Conseil d'État, des contestations relatives à la formation de l'association.

C'est ce même conseil qui juge des difficultés qui s'élèveraient au sujet de l'élection des syndics, lorsque sa compétence résulte expressément de l'arrêté du préfet constitutif de l'association (Arr. c., 4 juillet 1867, syndicat de Langres) ; à défaut de cette attribution spéciale de juridiction, les difficultés dont il s'agit devraient, suivant M. L. Aucoc, être portées devant le ministre des travaux publics, sauf recours au Conseil d'État. (Arr. c., 18 décembre 1874 et 26 février 1875 ; Conférence sur le droit administratif, par M. Aucoc, t. II, p. 620.) Le conseil de préfecture est compétent pour connaître des contestations relatives à l'assiette et au recouvrement des taxes syndicales ainsi que des demandes en décharge ou réduction. Mais il ne lui appartient pas, à l'occasion d'une demande en décharge de taxes, de vérifier les opérations et les comptes de la commission syndicale. (Arr. c., 22 août 1868, O'Tard de la Grange ; 27 juillet 1870, Nebout et autres.)

Les contestations entre un syndicat et les entrepreneurs relèvent également du conseil de préfecture.

Les dommages et contestations pour travaux exécutés en dehors de la mission du syndicat, sans autorisation de l'administration, relèvent des tribunaux civils.

Aux termes de l'article 26 de la loi du 21 juin 1865, il appartient aux conseils de préfecture de connaître des difficultés qui, antérieurement à cette loi, étaient jugées par les commissions spéciales.

On sait aussi que les comptes de gestion des trésoriers sont soumis à la juridiction des conseils de préfecture pour l'apurement. (L. 28 pluviôse an VIII et du 18 juillet 1837, art. 66 ; Décret du 26 décembre 1855, art. 70.)

En ce qui concerne les associations syndicales libres, la juridiction n'est pas la même. Tous litiges soulevés par elles, ou à l'occasion de ces associations, ne relèvent pas des tribunaux administratifs, mais des tribunaux civils.

**Compétence. — Travaux antérieurs. — Apport.
Dépens.**

Aux termes de l'article 26 de la loi du 21 juin 1865, c'est au conseil de préfecture qu'il appartient de statuer sur les contestations qui, d'après la loi de 1807, étaient jugées par une commission spéciale.

Ainsi le conseil de préfecture est compétent pour statuer sur une contestation existant entre un syndicat et une compagnie de chemins de fer, relativement à la création d'un périmètre spécial pour l'entretien d'un champtourne.

En matière d'associations syndicales, il est juste de tenir compte comme apport aux membres d'une précédente association des travaux exécutés à leurs frais et qui sont reconnus profiter à l'ensemble de l'association générale.

Les réclamations relatives aux taxes syndicales étant, comme en matière de contributions directes, introduites sans frais, il n'y a pas lieu dans ces sortes d'affaires de prononcer une condamnation aux dépens. (Arr. cons., 7 sept. 1869. Chemins de fer P.-L.-M.) [*École des communes*, 1870, p. 275.]

Droits d'une commune sur la chaussée d'une digue.

Une digue ayant été construite par un syndicat, une commune a-t-elle des droits sur la chaussée de cette digue? Que peut-elle faire lorsque le syndicat met en vente cette chaussée et intercepte la circulation?

Si la commune a donné un concours pécuniaire au syndicat sous condition que la digue servirait de chemin vicinal et qu'elle puisse justifier d'un arrêté de classement incorporant cette digue dans le domaine public de la commune, elle peut évidemment empêcher que le syndicat mette la digue en vente et interdise la circulation sur son parcours ; mais s'il n'y a pas eu de contrat exprès formé à cet égard, si la digue n'a pas été régulièrement classée comme chemin vicinal, alors même qu'il existerait une délibération du conseil municipal stipulant le passage au profit de la commune, cette délibération ne formant pas une preuve suffisante, la commune serait sans moyen d'empêcher le syndicat de disposer de sa digue comme bon lui semble en la vendant, ou en interceptant la circulation sur elle. Cependant elle pourrait, après déclaration d'utilité publique, faire exproprier le chemin existant sur la digue moyennant indemnité. (*École des communes*, 1882, page 316.)

Syndicat pour l'ouverture d'un canal d'assainissement. — Contestations.

Un syndicat a fait déclarer d'utilité publique l'ouverture d'un canal d'assainissement sur le territoire de sept communes. Toutes ces communes sont appelées à

*parliciper à la dépense. Le maire d'une de ces com-
munes demande :*

*1° Si toutes doivent participer aux frais d'établis-
sement du canal ;*

*2° Si les habitants de X... ne doivent pas en être
exonérés, cette commune s'étant toujours opposée à
l'établissement du canal qu'elle considère comme ne
devant lui être d'aucune utilité ;*

*3° S'ils ne devraient pas faire sommation d'arrêter
les travaux sur son territoire ;*

*4° S'ils ne devraient pas provoquer la nomination
d'experts chargés de constater que le canal leur serait
préjudiciable ;*

*5° Si les propriétaires des terrains à occuper ont
le droit d'empêcher les travaux jusqu'à ce que ces terrains soient payés?*

Les habitants de chaque commune pouvaient,
au moment du classement des propriétés appelées
à profiter des travaux et de la confection du tarif
des évaluations, présenter des réclamations en réduction ou exemption. Il appartenait au conseil
de préfecture d'en apprécier le mérite ; s'il ne les
accueillait pas, les réclamants avaient la faculté
de se pourvoir devant le Conseil d'État. Ils
peuvent d'ailleurs renouveler encore leurs pro-

testations contre le canal projeté en priant soit le préfet, soit le ministre des travaux publics de provoquer un décret qui rapporte celui qui a déclaré l'utilité publique du travail. Mais en présence de ce dernier décret ils ne sauraient, par la seule raison qu'il leur est préjudiciable, avoir le droit d'arrêter l'exécution des travaux sur le territoire de leur commune. Si toutefois cette exécution causait des dommages directs et matériels à leurs propriétés, ils seraient fondés à en demander réparation. Cette demande, à défaut d'arrangement amiable, serait encore de la compétence du conseil de préfecture, sauf recours au Conseil d'État.

Il n'y aurait lieu à demander la nomination d'experts qu'au moment où le conseil de préfecture serait saisi d'une réclamation en révision du classement ou des évaluations, ou d'une demande d'appréciation des dommages directs et matériels causés par les travaux.

Quant aux propriétaires des terrains à occuper, ils peuvent en conserver la possession, même après l'expropriation et, par suite, exiger que les travaux ne soient pas entrepris sur les terrains jusqu'à ce que l'indemnité à laquelle ils ont droit soit réglée par le jury et payée ou consignée conformément à la loi du 3 mai 1841.

Association pour créer des chemins d'exploitation.

Plusieurs propriétaires désirent profiter des dispositions de la loi de 1865 pour former une association syndicale chargée de créer des chemins d'exploitation au profit de leurs propriétés. Ils prévoient des résistances de la part de diverses personnes dont les champs seraient entamés ou traversés par le futur chemin d'exploitation. Mais ils croient que ces résistances peuvent être surmontées si l'association est autorisée, puisque, dans ce cas, elle peut exproprier les dissidents suivant les formes établies par la loi du 21 mars 1836.

Cela posé, le maire demande si l'association pourrait empêcher les propriétaires expropriés de se servir du chemin créé par elle.

À propos de l'article 19 qui ne parle que de servitudes à imposer aux propriétés particulières dans l'intérêt du syndicat, M. Segris a demandé (séance du 20 mai, *Moniteur,* 21 mai 1865) : « Évidemment les associations syndicales n'auront le droit d'imposer des servitudes aux propriétés qui leur seront étrangères que pour une utilité publique reconnue ? » Et le commissaire du Gouvernement a répondu : « Oui, je l'interprète ainsi. » C'est à la suite de cette explication que la loi a été votée. Or le législateur a-t-il pu, pour toute espèce d'amélioration agricole, déléguer en principe aux syndicats la faculté de réclamer l'expropriation, sauf au pouvoir exécutif à ne l'accorder qu'en parfaite connaissance de cause? La loi de 1865 ne l'a pas voulu et a explicitement éliminé des objets auxquels peut s'appliquer une association autorisée « l'exécution et l'entretien des travaux de chemin d'exploitation ». Les travaux compris dans les n°s 1, 2, 3, 4, 5 ont paru avoir un caractère d'intérêt général qui les rattache à l'intérêt public proprement dit. Les autres peuvent être utiles sans doute, mais leur utilité est plus limitée. Par ce motif on n'a pas voulu placer ces derniers sous la loi des majorités. Cette exclusion entraîne comme conséquence que l'association du genre de celle dont il est question ne peut réclamer le bénéfice de l'article 18 de la loi de 1865 pour prononcer une expropriation, conformément à l'article 16 de la loi du 21 mai 1836. Par suite, les propriétaires restent en possession de leurs terrains à moins qu'ils ne les cèdent à l'amiable, auquel cas il leur est loisible de stipuler dans l'acte de cession réserve formelle du droit de passage sur le chemin que le syndicat se propose d'ouvrir.

Cependant si ces chemins avaient un caractère d'utilité et de nécessité tels qu'ils soient reconnus comme chemins publics ruraux, l'association syndicale, formée en vertu de l'article 13 de la loi du 20 août 1881, pour assurer la construction, l'entretien et l'amélioration desdits chemins, poursuivrait l'expropriation des terrains nécessaires, conformément aux paragraphes 2 et suivants de la loi du 21 mai 1836. (L. 20 août 1881.)

Difficultés entre deux associations syndicales.

Deux associations syndiccles coexistent sur les bords de la Loire. L'une dite des marais de X..., association de dessèchement, a une origine très ancienne ; elle est munie d'un collecteur établi de main d'homme, presque en amont de son périmètre le long du fleuve. L'autre association, dite de la rivière de Z..., datant de 1846, est un syndicat d'endiguement qui a pour but la défense d'habitations et de terres en culture. Ce dernier syndicat a établi le long de la Loire une digue de plus de 15 kilomètres, dont le résultat, en temps ordinaire, est d'interrompre le cours des eaux pluviales qui, avant son établissement, s'écoulaient par une pente naturelle débouchant dans la Loire, sans emprunter le collecteur établi de main d'homme par le syndicat des marais de X... Aujourd'hui ramenées vers la partie aval, les eaux de tout le périmètre endigué ne s'écoulent plus que par ce collecteur. L'association d'endiguement de la rivière de Z... prétend user de ce collecteur sans indemnité pour son établissement et sans contribuer à son entretien, ni à son amélioration.

D'un autre côté, l'association de desséchement veut obliger ce syndicat qui s'applique aux fonds supérieurs, à construire un nouveau canal de manière à garder pour elle l'ancien collecteur auquel on donnerait une destination nouvelle, celle d'introduire les eaux fertilisantes de la Loire dans l'ancien marais desséché. Ce changement de destination du collecteur est la principale cause de discussion entre l'ancienne association de desséchement et le nouveau syndicat d'endiguement. On demande la voie à suivre pour trancher la difficulté.

Les dispositions de l'article 640 du Code civil assujettissant les fonds inférieurs à recevoir les eaux qui découlent naturellement des fonds supérieurs, sans que la main de l'homme y ait contribué, ne sont pas applicables dans l'espèce aux deux associations syndicales en question, car l'entretien et l'amélioration d'un canal de navigation et de desséchement ressortissent uniquement à l'autorité administrative chargée de la grande voirie. C'est au Gouvernement seul qu'appartient le droit de prescrire l'établissement d'un canal spécial destiné à évacuer à la Loire les eaux pluviales et les eaux de filtration du syndicat de la rivière de Z... Un tel travail exige une déclaration d'utilité publique. (Loi 16 septembre 1807, art. 27 et 30.)

Mais si le collecteur du syndicat de X... sert au syndicat de la rivière de Z..., l'association de desséchement qui a établi ce collecteur peut demander à faire reconnaître cette utilité, et déférer la question au conseil de préfecture, remplaçant, aux termes de la loi du 21 juin 1865, article 25, la commission spéciale.

L'obligation de contribuer à l'entretien du collecteur qui sert d'issue aux eaux de la rivière de Z... est certaine. Le syndicat de cette rivière pourrait même être assigné devant le conseil de préfecture pour réparation du dommage occasionné par la surcharge d'eau apportée à son canal par suite de l'établissement de la digue de la rivière de Z...

Mais c'est seulement après autorisation de l'administration supérieure que les administrateurs du desséchement de X... pourraient changer la destination du canal. (*École des communes*, 1882, p. 341.)

Marche à suivre par un syndicat antérieur à 1865 pour obtenir d'être géré selon les prescriptions de la loi du 21 juin 1865.

Voici quelle est la marche à suivre pour obtenir qu'un syndicat, constitué antérieurement à la loi du 21 juin 1865, soit désormais géré selon les prescriptions de cette loi.

Le décret qui régit ledit syndicat n'étant pas abrogé, ne pourra être modifié que moyennant l'accomplissement de formalités analogues à celles qui ont eu lieu lors de la constitution de ce syndicat.

Une demande motivée, tendant à obtenir l'abrogation des statuts, devra être adressée au préfet par un certain nombre de membres de l'association. Le préfet proscrira les mesures nécessaires, notamment l'enquête, pour arriver à la solution désirée.

L'instruction terminée, le dossier sera transmis, avec l'avis du préfet, au ministre des travaux publics compétent.

Si le Conseil d'État a été entendu lors du décret qui a constitué le syndicat, il le sera de nouveau pour modifier ou abroger les dispositions de ce décret.

Irrigation. — Prise d'eau. — Dommages.

Une association syndicale a été autorisée à pratiquer une prise d'eau dans une rivière non navigable pour l'établissement d'un canal d'irrigation. Pendant les travaux de construction du barrage de la prise d'eau, l'association syndicale a dérivé les eaux de la rivière sur un pré appartenant à un riverain et y a pratiqué un fossé sans avoir obtenu aucune permission du propriétaire du pré. Ce propriétaire réclame une indemnité, le rétablissement des lieux dans leur état primitif, et la construction d'un mur destiné à protéger son pré et les autres propriétés riveraines situées en aval.

Cette réclamation est-elle fondée ?

Le propriétaire du pré qui a été inondé par suite des travaux exécutés par l'association syndicale a subi un dommage dont il est fondé à réclamer la réparation à l'association syndicale. Il peut prétendre à l'allocation d'une somme d'argent représentant : 1° la perte de revenus qu'il a pu éprouver ; 2° les dépenses à faire pour combler le fossé. Mais il ne peut exiger de la part de l'association l'exécution d'un travail déterminé pour le mettre à l'abri des inondations futures et possibles. Si ces inondations viennent à se produire, c'est alors seulement qu'il pourra réclamer une nouvelle indemnité, dans le cas où l'association n'aurait pas pris l'initiative de travaux destinés à prévenir ces inondations. Si le propriétaire du pré ne s'entendait pas avec le syndicat pour le règlement amiable de l'indemnité qui est due, il devrait porter sa réclamation devant le conseil de préfecture (art. 16 de la loi du 21 juin 1865). [*École des communes*, année, 1889, p. 47.]

Marais. — Taxes syndicales. — Mutation de cote. — Conventions privées. — Compétence judiciaire.

En matière de taxes syndicales pour les travaux de desséchement de marais, les propriétaires sont tenus à raison des parcelles de terrain leur appartenant, comprises dans le périmètre du syndicat et dans la proportion de leur intérêt. Ils ne peuvent se décharger de tout ou partie de la taxe comme due par d'autres à leur place, en alléguant des conventions privées passées entre eux, antérieures et non opposables au syndicat.

L'autorité judiciaire est seule compétente pour statuer sur les effets et l'exécution de ces conventions.

Le Conseil d'État,

Considérant que d'après l'article 1er des statuts du syndicat du Marais-Vernier les propriétaires sont tenus de contribuer aux dépenses pour les travaux d'amélioration et d'entretien du desséchement des marais en raison des parcelles leur appartenant comprises dans le périmètre de l'association et dans la proportion de l'intérêt qu'ils retirent des travaux exécutés par le syndicat ;

Considérant que la commune requérante, propriétaire de parcelles comprises dans le périmètre précité, n'élève pas de contestation sur la quotité de la taxe pour laquelle elle a été imposée ; qu'elle prétend seulement qu'en vertu de transactions intervenues entre elle et le seigneur du Marais-Vernier antérieurement à la constitution du syndicat, elle doit être exonérée de toute participation aux dépenses d'entretien des travaux anciens de desséchement exécutés par B., ancien concessionnaire de ces travaux et qu'elle demande en conséquence, d'une part, que les héritiers de Condé soient inscrits, en son lieu et place, sur les rôles du syndicat comme représentants de l'ancien seigneur du Marais, à raison de toutes les dépenses concernant les anciens ouvrages, et d'autre part, que la décision à intervenir fixe la part contributive afférente aux ouvrages dont il s'agit et qu'elle se trouve avoir payé à la décharge des héritiers de Condé ;

Mais considérant que cette demande est fondée sur des obligations résultant de conventions privées, non opposables au syndicat ;

Qu'ainsi elle échappe à la connaissance de la juridiction administrative et ne peut être portée que devant l'autorité judiciaire, seule compétente pour statuer sur les effets et l'exécution desdites conventions ;

Que dès lors c'est avec raison que le conseil de préfecture s'est déclaré incompétent et a refusé de diviser le budget du syndicat en deux chapitres, l'un spécial aux dépenses relatives aux ouvrages anciens, et l'autre comprenant le surplus des dépenses ;

Décrète :

Est rejeté le recours formé par la commune du Marais-Vernier contre l'arrêté du conseil de préfecture de l'Eure du 22 décembre 1887, rendu au profit des héritiers de Condé. (Cons. d'État, 31 janvier 1891.)

Répartition des frais de procès.

Le propriétaire qui a plaidé et obtenu condamnation contre une association syndicale ne peut pas revendiquer le bénéfice de l'article 58 de la loi du 18 juillet 1837, aux termes duquel les parties ayant gagné un procès contre une commune ne sont pas passibles de charges ou contributions imposées pour l'acquittement des frais résultant de ce procès. Les frais doivent être répartis entre tous les membres, sans exception, qui composent l'association syndicale. (Cons. d'État, 16 juin 1876 et 23 février 1877.)

Procédure à suivre pour l'expropriation d'immeubles d'un propriétaire redevable de taxes syndicales.

Cette question a reçu de M. le ministre des finances, à la date du 8 juin 1878 (percepteur de Prades, Pyrénées-Orientales) la solution suivante : —

« Les taxes syndicales étant assimilées pour le recouvrement aux contributions directes, tout le système établi par le règlement du 21 novembre 1839 pour les poursuites à exercer en matière de contributions directes leur est applicable. »

Or l'article 12 (bis) du règlement précité décide :
« Lorsqu'il y a lieu à l'expropriation forcée des immeubles des redevables, elle n'est poursuivie qu'avec l'autorisation du ministre des finances, sur la proposition du receveur particulier et du préfet. »

Aux termes de cette décision, le comptable devrait transmettre au ministre par la voie hiérarchique, les avis du receveur particulier et du sous-préfet en demandant l'autorisation de poursuivre l'expropriation du débiteur, ce serait à lui, en qualité de trésorier de l'association qu'il appartiendrait de suivre la procédure d'expropriation.

Cependant, malgré l'autorité qui s'attache aux décisions de l'administration centrale, le comité du *Mémorial* ne saurait admettre sans réserve la jurisprudence ministérielle. Si le recouvrement des taxes syndicales s'opère comme en matière de contributions, ce n'est qu'en faisant état des exceptions que la nature même de ces taxes syndicales comporte.

Une association syndicale n'est pas une administration publique, mais un simple établissement public, dont les administrateurs doivent rendre compte à leurs associés de toutes les recettes et de toutes les dépenses : cet établissement public est soumis à la surveillance, mais non à l'autorité de l'administration supérieure. S'il y a des décharges de taxes à prononcer ce n'est pas à l'administration préfectorale ou ministérielle qu'il appartient de statuer, mais à l'administration syndicale elle-même.

Si le trésorier de l'association ne procède pas à des recouvrements et laisse perdre certaines taxes établies, le montant de ces taxes, qui représente toujours les dépenses effectuées, ne peut être placé purement et simplement au nombre des créances irrecouvrables, comme en matière de contributions directes, mais doit faire l'objet d'une répartition nouvelle entre les membres de l'association syndiquée.

Il en résulte que les membres du conseil d'administration de l'association et le trésorier ont pour premier devoir de faire opérer par tous les moyens possibles le recouvrement des créances en souffrance. Il est dès lors douteux que le ministre puisse substituer son autorité à celle des gérants responsables de l'association et permettre ou défendre au percepteur, trésorier de l'association, dé procéder par les voies rigoureuses de droit. (*Mémorial des percepteurs*, janvier 1881.)

Maximum de taxes.

Il n'y a aucune disposition de loi ou règlement qui fixe un certain maximum que ne doivent pas dépasser les taxes d'une association syndicale. Ces taxes (à moins de dispositions contraires dans l'acte constitutif) n'ont d'autre limite que l'appréciation annuelle des besoins de l'association, c'est-à-dire des dépenses qui devront être soldées dans le courant de l'année pour laquelle lesdites taxes sont votées. Cette appréciation appartient à la commission syndicale, qui est chargée, sauf approbation des rôles par le préfet, de faire la répartition annuelle des dépenses entre tous les intéressés, conformément aux bases arrêtées, une fois pour toutes, à la suite de l'instruction contradictoire prescrite par le titre II de la loi du 16 septembre 1807. (*École des communes,* année 1882, p. 342.)

Association syndicale. — Travaux défensifs. — Taxes. — Annualité.

Il ne peut être publié un rôle rectificatif de taxes syndicales, lorsque le rôle rectifié a été rendu exécutoire, publié et mis en recouvrement. Lorsque la coti-

sation d'un intéressé a été fixée, pendant plusieurs années, par un syndicat, d'après les bases de la réduction accordée par le conseil de préfecture sur un exercice précédent, on ne peut, après l'annulation de l'arrêté du conseil de préfecture par le Conseil d'État, réclamer audit intéressé, au moyen d'un rôle supplémentaire, l'ensemble des réductions dont il a bénéficié depuis l'arrêté du conseil de préfecture jusqu'à la décision du Conseil d'État.

La Compagnie du chemin de fer P.-L.-M. avait obtenu du conseil de préfecture de l'Isère la réduction des taxes auxquelles elle avait été imposée pour 1877 ; cette taxe avait été fixée à raison de 33,500 fr. par hectare. Sur le recours formé par le syndicat de Lancey, le Conseil d'État, par décision du 22 décembre 1882, avait relevé le chiffre de la cotisation à 50,000 fr. par hectare. Aussi en 1883, le syndicat, qui avait, depuis 1877, imposé la compagnie sur les bases fixées par l'arrêté du conseil de préfecture, crut-il pouvoir, au moyen de rôles rectificatifs supplémentaires, réclamer la différence entre les cotisations établies d'après les évaluations du conseil de préfecture et celles qui auraient dû être perçues en vertu de l'arrêt du Conseil d'État. La compagnie résista et soumit le litige au conseil de préfecture qui lui donna gain de cause. Sur le recours du syndicat, le Conseil d'État a statué dans le même sens.

Poursuites en recouvrement d'une taxe syndicale. — Refus à l'associé poursuivi du droit de demander que le conseil de préfecture procède à une vérification des opérations et des comptes des syndics.

Le Conseil d'État a refusé à l'associé, poursuivi en recouvrement d'une taxe, le droit de demander, incidemment à cette poursuite, que le conseil de préfecture procède à une vérification des opérations et des comptes des syndics. Le conseil n'a pas énoncé les motifs à l'appui de cette décision ; il s'est borné à l'affirmer (22 août 1868 ; 27 juillet 1870). L'irrégularité des opérations et des comptes des syndics n'est pas de nature à faire obstacle au recouvrement des taxes, à supposer qu'elles aient pour objet de pourvoir à des dépenses régulièrement entreprises.

Si les syndics ont commis quelque faute dans l'accomplissement de leur mandat, l'association n'a qu'à intenter contre eux une action en dommages-intérêts devant les tribunaux judiciaires. Si le comptable a commis quelque malversation, c'est au conseil de préfecture ou à la Cour des comptes à le déclarer en débet dans une instance spéciale. Mais toute dépense régulièrement faite doit être acquittée ; en aucun cas, les associés ne sauraient se soustraire à cette nécessité en invoquant les fautes commises par leurs mandataires. (Cons. d'État, 6 décembre 1878 ; Thèse de doctorat de M. Bouvier.)

Association pour travaux de défense. — Contestation de la qualité d'associé.

Une ordonnance royale du 16 septembre 1825 a réuni en association syndicale les propriétaires intéressés à l'exécution de travaux de défense contre les inondations de la Saône à effectuer sur le territoire de Y... et de Z... Dans les rôles des taxes syndicales ont été comprises certaines parcelles situées sur le territoire de A. et B., bien que ces deux communes ne fussent pas mentionnées dans l'ordonnance constitutive du syndicat, et jamais les propriétaires de ces parcelles n'ont élevé la moindre difficulté pour le paiement des taxes ainsi mises à leur charge. Depuis longtemps, aucune taxe n'avait été perçue. Pendant cet in-

tervalle les propriétés sises sur A... et B... ont en grande partie changé de mains. Les nouveaux propriétaires se refusent aujourd'hui à payer les cotisations que le syndicat vient de mettre en recouvrement, sous prétexte que l'ordonnance de 1825 ne visait que les propriétés situées sur Y... et Z.

Les propriétaires en question sont-ils fondés à contester leur qualité d'associé alors que leurs propriétés sont comprises dans l'association depuis plus de 30 ans et profitent indiscutablement des travaux de défense exécutés par ladite association ?

Il résulte de l'exposé des faits que l'ordonnance de 1825 n'a pas fixé le périmètre des terrains compris dans l'association. Dès lors le périmètre a dû être tracé dans les formes prescrites par les articles 10, 11 et 12 de la loi du 16 septembre 1807, c'est-à-dire par les ingénieurs et l'expert réunis, avec approbation du préfet, précédée de l'avis de la commission spéciale. Ceci posé, deux hypothèses sont à examiner.

Si les parcelles en question ont été comprises dans le périmètre, les propriétaires de ces parcelles ne sont plus recevables à contester leur qualité d'associés. Ils ne peuvent plus attaquer les bases de l'association, telles qu'elles ont été déterminées à la suite de l'instruction contradictoire organisée par la loi de 1807, ils ont seulement le droit de prétendre que les taxes mises en recouvrement font une application inexacte de ces bases. (Arrêt du Conseil d'État statuant au contentieux, 13 juin 1873.)

Dans la seconde hypothèse (celle où les parcelles auraient été laissées en dehors du périmètre), les propriétaires de ces parcelles n'ont jamais été, en réalité, membres de l'association et le fait qu'eux ou leurs auteurs auraient consenti à payer un certain nombre de taxes ne saurait les engager pour l'avenir, ni constituer une fin de non-recevoir qui puisse être valablement opposée à une demande en décharge de leur part. Dans cette hypothèse, il n'y aurait d'autre moyen pour l'association de forcer le concours des propriétaires dont il s'agit que de solliciter du Gouvernement une demande en extension de périmètre. Cette demande, votée par la commission syndicale et adressée par elle au préfet, serait renvoyée aux ingénieurs et soumise à une enquête. L'instruction locale une fois terminée, il serait statué sur la demande par un décret rendu en Conseil d'État. (*École des communes*, 1882, p. 342.)

Dissolution d'une association syndicale.

*Dans une association syndicale légalement cons-
tituée, les deux tiers des intéressés représentant plus
de la moitié des terrains ont-ils le pouvoir de prononcer la dissolution de l'association?*

Le syndicat auquel il est fait allusion paraît
avoir été constitué non point par application de la
loi du 25 juin 1865, mais conformément aux dispositions de l'article 33 de la loi du 16 septembre
1807, c'est-à-dire par un décret rendu dans la
forme des règlements d'administration publique.

Ce décret, comme tous ceux du même genre,
a réuni d'office les intéressés en association syndicale, sans qu'il ait été nécessaire d'obtenir
l'adhésion de la majorité d'entre eux. Dans ces
conditions on ne saurait reconnaître à cette majorité le droit de décider du maintien et de l'a-
venir d'une association dont l'organisation n'a pas
dépendu de sa volonté et a paru nécessaire au
Gouvernement dans l'intérêt public.

La solution serait d'ailleurs la même dans le
cas où il s'agirait d'une association syndicale autorisée, constituée sur les bases de la loi du 21 juin
1865. Il est vrai que la constitution d'une asso-

ciation de cette nature est subordonnée, par l'article 12 de ladite loi, à la réunion au sein des intéressés d'une majorité spéciale, calculée d'après les deux éléments combinés du nombre et de la superficie. Mais il ne faut pas oublier que la réalisation de cette condition ne suffit pas pour donner à l'association son existence légale ; il est, en outre, besoin de l'intervention du préfet qui, aux termes de la loi, est libre de donner ou de refuser son autorisation. Cette autorisation, rendue nécessaire pour créer l'association, doit être nécessaire pour la dissoudre.

En résumé, dans une hypothèse comme dans l'autre, la majorité des intéressés n'a pas pouvoir de prononcer la dissolution de l'association syndicale. Elle ne peut, à cet égard, que transmettre des vœux à l'administration, qui a à examiner si la mesure est opportune et, particulièrement, si l'abandon des travaux exécutés ne pourrait pas avoir des conséquences nuisibles à l'intérêt public. (*École des communes,* année 1882, p. 343.)

Gardes-rivières.

Il peut être institué par le syndicat, conformément à la loi du 20 messidor an III, article 4, un ou plusieurs gardes-rivières, chargés de constater par des procès-verbaux les délits et les contraventions aux lois et règlements sur la police des cours d'eau. Ces gardes sont commissionnés par le sous-préfet ; ils prêtent serment devant le tribunal de leur arrondissement ; ils visitent fréquemment la partie des cours d'eau commise à leur garde. Ils tiennent un registre coté et paraphé par le directeur du syndicat ; ils y mentionnent tous les faits reconnus dans leurs tournées et particulièrement les délits et contraventions qu'ils ont constatés. Ce registre doit être présenté à toute réquisition des membres et agents du syndicat et des ingénieurs ; il est visé au moins une fois chaque mois par le directeur.

Les gardes se rendent aux réunions du syndicat quand ils y sont appelés pour rendre compte de leur service et recevoir les instructions nécessaires. Ils font connaître au directeur toutes les entreprises qui sont faites sur les cours d'eau confiés à leur surveillance. (Modèle d'acte d'association syndicale autorisée ; Aucoc, appendice, p. 829, t. II ; circulaire du ministre des travaux publics du 13 décembre 1878.)

Franchises postales.

La correspondance des associations syndicales de desséchement, d'irrigation, d'endiguement et de curage doit, d'après un avis du Conseil d'État du 13 avril 1861, demeurer exclue du bénéfice de la franchise postale.

Toutefois, une exception a été admise à ce principe par le ministre des finances (décision du 17 juin 1861) en faveur des correspondances des associations relatives aux questions de police et d'arbitrage touchant le régime des eaux, qui ne peuvent être résolues sans l'intervention des maires. Ces correspondances pourront être, à titre de tolérance, admises à circuler en franchise sous le contreseing des maires et le couvert du préfet et des sous-préfets du département, et à la condition qu'elles seront accompagnées, soit d'une lettre d'envoi justifiant l'intervention du maire, soit de l'avis motivé de cet officier public. (*Mémorial des percepteurs*, 1861, p. 300.)

QUATRIÈME PARTIE

RÉGIME FINANCIER DES ASSOCIATIONS SYNDICALES

———

Des taxes syndicales.

Les associations syndicales couvrent les frais de leur entreprise au moyen des ressources que leurs associés leur fournissent ; chacun d'eux doit supporter une quote-part dans la dépense totale.

Si, d'après les principes du droit commun, le syndicat avait dû, en cas de résistance, demander un titre exécutoire à l'autorité judiciaire, il aurait été exposé à de longs et coûteux procès qui auraient entravé ses opérations. Aussi le législateur de 1865 lui a-t-il permis de demander un titre exécutoire au préfet et a-t-il attribué au conseil de préfecture la connaissance des contestations relatives à ce titre.

Le droit qu'a l'association syndicale d'exiger le paiement des taxes est un droit *sui generis*. Ce n'est pas seulement l'associé qui se trouve personnellement engagé, c'est le fonds lui-même qui est grevé de l'obligation de faire partie de la société et tous les propriétaires entre les mains de qui il pourra passer, seront tenus de se soumettre à cette obligation, comme les propriétaires successifs d'un immeuble grevé d'une servitude doivent en souffrir l'exercice.

Il s'agit d'une obligation plutôt réelle que personnelle. Les associations syndicales forment en quelque sorte des communautés territoriales ; c'est donc la propriété même qui, en raison des avantages qu'elle est appelée à retirer, est redevable des taxes.

D'après l'article 15 de la loi du 21 juin 1865, « le recouvrement des taxes syndicales est fait comme en matière de contributions directes ». Une demande en décharge ou en réduction peut être formée dans le délai fixé par l'article 28 de la loi du 21 avril 1832 (3 mois à partir de la publication du rôle). Les réclamations sont jugées sans frais par le conseil de préfecture ; l'appel au Conseil d'État a lieu également sans frais et sans ministère d'avocat. Il y a pourtant entre le recouvrement des taxes syndicales et celui des contributions directes certaines différences à signaler : 1° des demandes en exonération ou allégement, fondées sur la situation fâcheuse et intéressante du contribuable, peuvent être formées lorsqu'il s'agit de contributions directes, parce que l'État peut renoncer à sa créance, mais non lorsqu'il s'agit de taxes syndicales, parce que l'État ne peut renoncer à des droits qui appartiennent au seul syndicat ; 2° le privilège que la loi du 12 novembre 1808 donne au Trésor pour le recouvrement des contributions directes s'étend-il aux associations syndicales en ce qui concerne le recouvrement de leurs taxes ? La question est controversée et douteuse si le syndicat a fait choix d'un receveur spécial ; 3° les percepteurs sont déchus de tout droit et de toute action contre les contribuables, faute de poursuites pendant trois années consécutives à dater du jour où le rôle a été rendu exécutoire (art. 149 et 150 de la loi du 3 frimaire an VII). Cette prescription n'est pas applicable en matière de taxes syndicales ; la prescription de droit commun paraît seule admissible ; l'action du syndicat contre les associés durera donc 30 ans ; 4° l'instruction des demandes en décharge n'est pas attribuée aux agents de l'administration des contributions directes, mais à la commission syndicale qui a émis les rôles et qui seule peut en soutenir la validité (Cons. d'État, 22 août 1868) ; 5° les contributions directes sont payables par douzièmes. L'article 28 de la loi de 1832 exige pour la recevabilité d'une demande en décharge ou réduction que le réclamant y joigne la quittance des termes échus. Ce même texte lui permet implicitement de différer le paiement des termes qui viendraient à échoir après les trois mois qui suivent sa réclamation.

Les taxes syndicales ne sont payables par douzièmes qu'autant que cette règle a été établie par les statuts de l'association. Le plus grand nombre des règlements gardent le silence sur ce point. Dans ce cas, la demande en décharge ou en réduction est recevable sans qu'il soit nécessaire d'y joindre la quittance du paiement de la taxe. (Conseil d'État, 28 juin 1869 ; 3 mars 1876.) De plus, le réclamant peut être contraint, sur les poursuites du syndicat, d'acquitter la taxe intégralement, nonobstant la réclamation qu'il a formée contre elle ; il ne jouit pas de la protection de l'article 28 qui soustrait le contribuable aux poursuites à l'égard des termes échus, après les trois mois qui suivent la réclamation.

Mode de répartition des taxes syndicales.

Pour que les charges soient réparties convenablement entre les propriétaires, il faut une base

de répartition. En ce qui concerne le dessèchement des marais ou la construction de travaux de
défense contre les eaux, la loi de 1807 a déterminé avec soin les opérations nécessaires pour
établir cette répartition. Après avoir fixé le périmètre embrassant les terrains qui doivent être frappés, des experts et des ingénieurs les divisent en
classes suivant leur degré d'intérêt dans l'association. Cette opération est soumise à l'approbation
du préfet, qui statue après enquête. On estime
ensuite la valeur relative de chaque classe et cette
estimation est homologuée par une commission
spéciale, composée de personnes compétentes,
nommées par le Gouvernement. La loi du 14 floréal
an XI se contente de déclarer que la répartition de
la dépense doit être faite entre les propriétaires
suivant leur degré d'intérêt aux travaux. Sous
l'empire de la loi de 1865, la question de savoir
si la répartition des taxes est proportionnelle à
l'intérêt de chaque associé est une pure question
de fait. Toutefois, l'administration exige que des
articles règlent ce point dans les statuts d'association qui sont soumis à son approbation. La
circulaire ministérielle du 13 décembre 1878
adressée aux ingénieurs contient les dispositions
suivantes dans son article 28 : « Aussitôt après la

constitution de l'association, le syndicat complète l'état des propriétaires compris dans le périmètre en indiquant la proportion dans laquelle chaque associé doit contribuer aux dépenses. Cet état est soumis à une enquête. Dans la huitaine de la clôture de cette enquête, le syndicat est appelé à exprimer son avis sur les observations qui auront pu être produites. L'état rectifié, s'il y a lieu, est soumis à l'approbation du préfet, sauf recours des intéressés devant le conseil de préfecture, lors du recouvrement annuel des taxes.

Confection des rôles ; leur mise en recouvrement.

Une fois que les bases de répartition ont été établies, on peut dresser les rôles. Ils sont préparés par le receveur de l'association et dressés par le syndicat. Ils doivent être affichés pendant huit jours à la porte de la mairie de chaque commune intéressée, et, s'il y a lieu, ils sont rectifiés. Le préfet les rend ensuite exécutoires et fixe les époques des paiements à effectuer par les contribuables.

Le recouvrement des rôles peut être poursuivi alors même que la base de répartition qui a servi à les dresser aurait été attaquée par un ou plusieurs associés. (Conseil d'État, 29 juin 1883, Syndicat supérieur de la rive gauche de l'Isère.)

Les rôles des taxes syndicales pourront être dressés et approuvés pour plusieurs années. En cas de changements de propriétaires des immeubles sur lesquels reposent les cotisations, ces changements ne peuvent entraîner aucune difficulté de recouvrement, attendu que c'est la propriété, et non les individus, qui est engagée dans l'association. En conséquence, les poursuites doivent être dirigées contre le possesseur actuel de l'immeuble alors même que son nom ne figurerait pas au rôle. (*Mémorial des percepteurs*, 1874, p. 194.)

Lorsqu'un rôle de recouvrement a été émis par un syndicat irrégulièrement constitué et que ce rôle a été annulé plus tard par le conseil de préfecture, le président de la commission syndicale qui a ordonné les poursuites est responsable des conséquences dommageables qu'elles ont pu avoir, alors qu'il a connu, par les réclamations des redevables, les irrégularités commises. De son côté, le receveur n'est pas couvert par l'approbation que le préfet a donnée aux rôles, si, connaissant les réclamations, il a, contrairement à l'article 28 de la loi du 21 avril 1832, exercé des poursuites pour le recouvrement des termes échus après le délai de trois mois à compter de ces réclamations. Il devient alors solidairement responsable, avec le président du syndicat, des restitutions et des dommages-intérêts dus à raison de ces poursuites. (Trib. de comm. de la Seine, 13 avril 1883.)

La publication et le recouvrement des rôles s'opèrent comme en matière de contributions directes. Les rôles apurés sont produits à l'appui des comptes comme justification de recettes.

Le receveur est responsable du défaut de paiement des taxes dans le délai fixé par les rôles, à moins qu'il ne justifie de poursuites faites contre les contribuables en retard.

Cette responsabilité est absolue dans le cas prévu par l'article 18 du règlement sur les poursuites : « Les percepteurs qui ont laissé passer 3 ans à compter du jour où les rôles leur ont été remis, sans faire de poursuites contre un contribuable ou qui, après avoir commencé les poursuites, les ont abandonnées pendant 3 ans, sont déchus de leurs droits contre les redevables. »

Par qui les taxes sont-elles dues?

Les taxes syndicales doivent être réclamées au propriétaire ou à l'usufruitier si l'immeuble est grevé d'usufruit.

En ce qui concerne les taxes d'irrigation, on s'est demandé si les engagements souscrits en vue de l'arrosage constituent une charge inhérente à l'immeuble ou n'engendraient qu'une obligation personnelle. Le Conseil d'État a admis la première solution et en a même conclu que ces engagements n'avaient pas besoin d'être soumis à la formalité de la transcription pour être opposables à tout acquéreur de l'immeuble. (Conseil d'État, 19 décembre 1879.) Cette doctrine est cependant controversée.

Restes à recouvrer.

S'il y a des restes à recouvrer que le receveur du syndicat considère comme irrecouvrables, il en demande décharge à la commission syndicale.

Au commencement du mois d'avril, il dresse et soumet sa demande à la délibération de cette commission.

Les débiteurs peuvent aussi se pourvoir par demande en décharge auprès des commissions syndicales.

Les délibérations qui statuent sur ces diverses natures de demandes, étant approuvées par le préfet, constituent des ordonnances de décharge.

Lorsqu'elles parviennent au receveur du syndicat, il en prend note sur les bordereaux détaillés et sur le livre de détail par voie de réduction de titres, comme en matière de prestations.

Dans les comptes de gestion, il devra justifier de cette réduction par la production des ordonnances elles-mêmes.

Choix du receveur du syndicat.

Les syndicats peuvent, à leur gré, charger du recouvrement et de l'emploi des fonds, soit des agents spéciaux, soit un percepteur; à moins toutefois qu'il ne s'agisse d'un syndicat libre. (Lettre Dir. gén. compt. publ. 7 nov. 1866. *Mémorial*, p. 371.)

Un percepteur des contributions directes ne peut être nommé receveur d'une association syndicale que par le préfet, le trésorier-payeur général entendu. Il doit se conformer aux dispositions des règlements qui régissent la comptabilité des communes et établissements de bienfaisance. Il est placé sous la surveillance et la responsabilité du receveur des finances de l'arrondissement.

D'après une circulaire du 6 mars 1840 et l'article 637 de l'Instruction générale, le ministre des finances n'a d'instructions à donner relativement à la gestion des receveurs des syndicats, d'intervention à exercer dans le service financier de ces associations, qu'autant que la comptabilité en aura été confiée à des percepteurs.

Toutes les fois que cette condition n'est pas remplie, l'administration des finances demeure étrangère à la solution des questions concernant les syndicats, laquelle n'appartient plus qu'aux ministères de l'agriculture et des travaux publics.

L'article 637 de l'Instruction générale des finances est ainsi conçu : « Lorsque le service financier de l'association syndicale est confié à un agent particulier autre qu'un percepteur des contributions directes, le receveur des finances de l'arrondissement n'intervient dans aucune des parties du service de ce préposé ; il n'a point à surveiller le recouvrement des rôles ni à diriger de poursuites. »

Comme conséquence de cet article, les porteurs de contraintes étant, aux termes de l'article 32 du règlement sur les poursuites du 21 décembre 1839, et de l'article 18 de l'arrêté du 16 thermidor an VIII, exclusivement chargés d'exécuter les poursuites qui sont décernées par les receveurs des finances et ces comptables supérieurs n'é devant intervenir dans le service des associations syndicales qu'autant qu'il est confié à un percepteur des contributions directes, il est indispensable, lorsque la gestion est remise aux mains d'un trésorier spécial, qu'un porteur de contraintes dûment commissionné et assermenté soit mis à la disposition du syndicat pour l'exécution des contraintes décernées par le directeur de l'association. L'administration n'ignore pas que les receveurs spéciaux de syndicats peuvent éprouver dans ce cas de sérieuses difficultés; mais ces difficultés mêmes prouvent combien il est préférable pour les syndicats de confier la gestion de leurs deniers aux percepteurs, qui gèrent sous la surveillance et la responsabilité du receveur des finances et du trésorier-payeur général.

En cas de vacance d'une perception dont le titulaire avait été nommé receveur d'une association syndicale, ces fonctions pourront ne pas être continuées à son successeur; elles ne sont pas considérées comme attachées irrévocablement à la perception, et la faculté que l'article 636 de l'Instruction générale a donnée aux commissions syndicales de choisir leurs comptables doit s'exercer librement.

Syndicats dont le service s'étend à plusieurs perceptions.

Le paragraphe 9 du même article vise le cas d'un syndicat dont le service s'étend à plusieurs perceptions : « S'il arrive que, par exception, le nombre des communes concourant aux mêmes travaux soit trop considérable pour qu'un seul agent puisse être chargé du recouvrement des taxes, les rôles sont établis par arrondissement de perception, et les percepteurs des communes intéressées les recouvrent alors pour le compte de celui de leurs collègues auquel est confié le service du syndicat. Ils lui ouvrent un compte particulier où ils font recette des sommes payées par les redevables et dépense pour les versements qu'ils lui effectuent. Ils sont libérés de ces versements par la quittance à souche de leur collègue. »

Les rôles dressés par arrondissement de perception doivent être envoyés à chaque percepteur par l'entremise du receveur des finances qui prend note sur son carnet de ces produits. (Circulaire de la Comptabilité générale des finances du 23 janvier 1844.)

Cautionnements des receveurs.

S'il s'agit d'un receveur spécial, le montant de son cautionnement et la quotité de ses remises sont déterminés par le syndicat sauf l'agrément du préfet. Quant aux percepteurs nommés trésoriers d'associations syndicales, les cautionnements qu'ils sont tenus de verser à la Caisse des dépôts et consignations, en vertu de l'article 636 de l'Instruction générale, sont fixés par le préfet, sur la proposition du syndicat et après avis du receveur des finances de l'arrondissement. Les bases aujourd'hui abrogées de l'article 1221 pour les cautionnements des percepteurs-receveurs municipaux ne leur sont pas applicables de droit. En général, les cautionnements exigés du caissier du syndicat sont égaux à trois fois le montant de ses émoluments.

L'autorité administrative ne peut dispenser le receveur du syndicat de verser un cautionnement quelconque, à moins que la proposition en ait été faite par la commission syndicale et que le receveur des finances de l'arrondissement y ait donné son assentiment.

Quand plusieurs percepteurs concourent au

recouvrement des taxes syndicales, ceux d'entre eux qui n'agissent qu'à titre d'auxiliaires et pour le compte du receveur titulaire, ne sont pas soumis ordinairement à l'obligation de verser un cautionnement. Les recettes qu'ils opèrent, comme intermédiaires, n'en sont pas moins placées sous le contrôle et la surveillance du receveur des finances.

L'article 11 de l'ordonnance royale du 17 septembre 1837 et le dernier paragraphe de l'article 1313 de l'Instruction générale des finances ont consacré le principe de la solidarité des cautionnements. Ce principe est donc applicable aux cautionnements concernant le service des syndicats, bien qu'ils aient été versés à des caisses différentes.

A l'appui du remboursement d'un cautionnement de percepteur-trésorier d'un syndicat au profit d'un receveur des finances qui a fait l'avance d'un déficit relatif à ce service, la caisse des dépôts exige les justifications ci-après : 1° expédition du procès-verbal constatant le déficit, visé par le préfet ou le sous-préfet ; 2° copie de la déclaration du versement constatant l'avance faite, des deniers du receveur des finances, de la somme à laquelle s'élève le débet du percepteurreceveur de l'association ; 3° récépissé de la Caisse des dépôts et consignations ; 4° quittance sous seing privé du receveur des finances.

Remises des receveurs d'associations syndicales.

Le tarif décroissant déterminé par les ordonnances des 17 avril et 23 mai 1839 est le plus souvent adopté pour le calcul des remises des receveurs des syndicats. Dans ce cas, le préfet règle les remises sans avoir besoin de recourir à la sanction du ministre. (Décret du 13 avril 1861 ; circulaire du 3 mai 1861.)

Voici le taux décroissant déterminé par les dites ordonnances :

1re catégorie. 2 °/₀ sur les premiers 5,000 fr. de recette.
               2 °/₀ sur les premiers 5,000 fr. de dépense.
2° catégorie. 1,50 °/₀ sur les 25,000 fr. suiv. de recette.
               1,50 °/₀ sur les 25,000 fr. suiv. de dépense.
3° catégorie. 0,75 °/₀ sur les 70,000 fr. suiv. de recette.
               0,75 °/₀ sur les 70,000 fr. suiv. de dépense.
4° catégorie. 0,33 °/₀ sur les recettes excédant 100,000 fr.
               jusqu'à un million.
               0,33 °/₀ sur les dépenses excédant 100,000 fr.
               jusqu'à un million.
5° catégorie. 0,12 °/₀ sur les recettes excédant un million.
               0,12 °/₀ sur les dépenses excédant un million.

Le tarif ci-dessus peut être élevé ou diminué d'un dixième, en raison de circonstances particulières au moyen d'une délibération de la commission syndicale, approuvée par le préfet.

D'autre part, diverses considérations peuvent motiver l'adoption d'un tarif plus avantageux ; notamment quand les rôles n'atteignent qu'un chiffre assez faible bien que comprenant un nombre de cotes considérables.

Dans ce cas le ministre des finances, en vertu de l'article 636 de l'Instruction générale, règle lui-même les remises, sur l'avis des syndicats et la proposition des préfets.

Indemnités spéciales pour la confection des rôles et les frais de distribution des premiers avertissements.

Les remises allouées aux percepteurs-receveurs d'associations syndicales sont la rémunération du travail du recouvrement et de l'emploi des deniers du syndicat (tenue des éléments de comptabilité et établissement des comptes de gestion). Mais si le receveur a été chargé de la confection des rôles, il lui est attribué ordinairement une indemnité spéciale de plusieurs centimes par articles de rôles, en dehors des deux centimes auxquels il a droit, comme en matière de contributions directes, pour frais de distribution des premiers avertissements.

On a critiqué avec quelque justesse le fait de charger le receveur du syndicat de la confection des rôles ; en principe le service de l'assiette de l'impôt et celui du recouvrement doivent toujours être séparés. Toutefois le concours réclamé aux comptables pour cet objet ne présente pas d'inconvénients sérieux lorsqu'il s'agit d'associations syndicales à cause des nombreuses restrictions dont il est entouré.

Les commissions syndicales étant tenues de dresser le tableau de la répartition des dépenses entre les intéressés, la formation du rôle ne constitue guère qu'un simple travail matériel, et il ne peut résulter aucun inconvénient de charger les percepteurs de ce soin. D'ailleurs la préparation des matrices des rôles, les mutations et l'instruction des réclamations peuvent être confiées à la direction des contributions directes par les syndicats lorsqu'ils le jugent convenable. (Circ. contr. directes, 10 août 1862.)

Système du traitement fixe pour la rémunération des receveurs.

Le mode de rémunération au moyen de remises calculées d'après le tarif des ordonnances de 1839 a donné lieu fréquemment à des critiques très fondées. La variabilité des produits laisse ignorer jusqu'à la clôture de l'exercice, aussi bien par le syndicat que par son receveur, quel sera le montant total des remises. Certaines années, à la suite de grosses dépenses, ce chiffre pourra être d'une importance exagérée, tandis que d'autres fois, au contraire, il ne constituera qu'une rémunération très insuffisante du travail et de la responsabilité incombant au receveur. Le système du traitement fixe, conformément au décret du 27 juin 1876, est à tous égards préférable. Le syndicat gagnerait souvent à donner à son receveur un traitement fixe et celui-ci lui-même n'y perdrait pas ; son traitement serait unifié, plus équitablement établi et toujours assuré. Une grave objection qu'on fait encore au système des remises variables est la difficulté où se trouve l'administration pour dresser exactement le décompte de celles qui sont dues aux receveurs.

Aux termes des dispositions du décret du

27 juin 1876, les receveurs municipaux sont rémunérés, depuis le 1er janvier 1877, au moyen d'un traitement fixe, arrêté par les préfets, sur les propositions des trésoriers-payeurs généraux. Ce traitement est déterminé par l'application du tarif des ordonnances de 1839 et du décret du 7 octobre 1850 à la moyenne des opérations, tant ordinaires qu'extraordinaires, de recettes et dépenses effectuées pendant cinq années, déduction faite des opérations reconnues non susceptibles de remises pendant le même laps de temps.

Rien n'empêche les associations syndicales de fixer de la même manière le traitement de leur receveur.

<h3 style="text-align:center">Retenue du vingtième pour le service
des pensions civiles.</h3>

La retenue du vingtième pour le service des pensions civiles doit être exercée sur les remises allouées aux percepteurs-trésoriers d'associations syndicales. Ces sommes sont comprises, au même titre que tous les autres produits accessoires des perceptions, dans le total d'émoluments qui sert à déterminer la classe de chaque emploi de percepteur.

Opérations non productives de remises pour les comptables.

Un receveur municipal qui est en même temps trésorier d'un syndicat n'a droit à aucune remise sur la recette des sommes versées par la commune dont il est le receveur; ses remises ne porteront que sur l'emploi qui aura été fait desdites sommes, à titre de dépense syndicale. (Arrêt de la Cour des comptes, 6 mars 1860; *Mémorial* 1859, p. 267, et 1860, p. 154.)

Les subventions de l'État ou des départements ne sont pas passibles de remises; il est d'usage de ne faire figurer le montant de ces subventions ni en recette ni en dépense sur le budget des syndicats; elles sont acquittées au fur et à mesure de l'avancement des travaux, au moyen de mandats délivrés directement par l'ingénieur en chef aux entrepreneurs ou régisseurs des travaux.

Il en est de même lorsque des associations syndicales concourent à la dépense de travaux exécutés par l'État et dans lesquels elles ont un intérêt. Les fonds fournis par les sociétés à titre de contingents, proviennent le plus souvent d'emprunts faits au crédit privé ou à la Caisse des dépôts et consignations; ils sont placés au Trésor jusqu'à ce qu'ils soient réclamés par l'État. L'intervention des comptables se borne au retrait pur et simple des fonds déposés et à leur reversement immédiat. Ces opérations n'ayant pas le caractère d'une recette ni d'une dépense effective, ne seront pas productives de remises pour les comptables.

Priviléges et hypothèques légales qui grèvent les biens des comptables. Gestion occulte, etc.

Les prérogatives que le législateur accorde aux syndicats doivent être interprétées restrictivement. Les immeubles de leurs comptables ne seront donc pas frappés de l'hypothèque légale de l'article 2121 du Code civil, ni du privilège institué par la loi du 5 septembre 1807. Les personnes qui se seraient ingérées indûment dans la manutention de leurs deniers ne seront justiciables que des tribunaux judiciaires. Les créanciers des syndicats pourront user contre eux des voies ordinaires d'exécution ; pour qu'ils puissent être payés, il n'est pas indispensable qu'un crédit ait été ouvert au budget à cet effet.

Écritures à tenir.

Conformément à l'article 1449 de l'Instruction générale, les recettes effectuées par les percepteurs pour le compte des associations syndicales sont portées dans la colonne du journal à souche, destinée à l'enregistrement des produits et services divers, et, d'après l'article 1504, dans la colonne du livre récapitulatif portant le même titre.

Les opérations de recette et de dépense sont enregistrées à un compte spécial ouvert à la première section du livre des comptes divers. (Instruction générale, art. 1471.)

La feuille du livre des comptes divers, les rôles, registres et quittances sont exempts de timbre. Seule, la minute des comptes de gestion est soumise à ce droit.

Les percepteurs devront avoir soin de bien rattacher les cotisations syndicales à l'article principal du rôle général, afin de mieux surveiller les recouvrements ; il arrive sans cela qu'un certain nombre de taxes minimes restent à la charge du comptable. Ce dernier devra veiller aussi à ce que tous les fonds libres de l'association soient placés régulièrement au Trésor.

Placements au Trésor.

Les syndicats dont le service et la comptabilité sont placés sous la surveillance du receveur des finances, étaient seuls admis, d'après l'article 756 de l'Instruction générale, à placer leurs fonds au Trésor avec intérêts.

L'ouverture de comptes courants productifs d'intérêts aux associations syndicales pourvues de receveurs spéciaux a donné lieu à la circulaire suivante :

« Monsieur le Trésorier-Payeur général, aux termes des articles 637 et 756 de l'Instruction générale du 20 juin 1859, les associations syndicales dont le service et la comptabilité sont placés sous la surveillance des receveurs des finances ont eu, seules, jusqu'à présent, la faculté de placer leurs fonds libres en compte courant au Trésor avec intérêt.

« Un arrêté du ministre, rendu sur ma proposition, dispose que cette faculté sera accordée dorénavant à tous les syndicats libres ou autorisés, visés dans la loi du 21 juin 1865. D'après cet arrêté, les comptes courants seront ouverts sur des demandes adressées au ministre par les syndicats intéressés, qui auront à fournir un exemplaire de leurs statuts à l'appui de leur demande, et qui prendront l'engagement de maintenir au Trésor l'intégralité de leurs fonds disponibles, dont le retrait ne pourra être opéré que pour assurer le service des dépenses. Les fonds provenant d'emprunts ou de subventions ne porteront pas intérêts ; le dépôt de ces derniers fonds sera constaté dans vos écritures au compte : « Communes et établissements publics, L/C de fonds déposés au Trésor avec intérêts. »

« Il est bien entendu que vous continuerez à accepter sans autorisation préalable les fonds dont le dépôt vous sera offert par des associations syndicales n'ayant pas encore de compte courant au Trésor, mais dont le service financier serait confié à un percepteur des contributions directes. L'obligation de demander au ministre des finances l'ouverture d'un compte courant n'est applicable qu'aux syndicats pourvus d'un receveur spécial. » (Circulaire du directeur du mouvement général des fonds, 28 septembre 1889.)

Retraits de fonds.

Les retraits de fonds peuvent toujours avoir lieu sur un simple mandat du syndic directeur, à la condition que le remboursement, pour chaque mois, ne dépasse pas un douzième des revenus ordinaires suivant le budget de l'année, et jusqu'à concurrence de 300 fr. lorsque le douzième ne s'élève pas à cette somme. Les sous-préfets peuvent autoriser le remboursement par mois, d'une somme égale au montant de deux douzièmes et jusqu'à concurrence de 1,000 fr., lorsque les deux douzièmes n'atteignent pas cette somme. Les préfets autorisent les remboursements des sommes supérieures, qu'elle qu'en soit la quotité.

Des travaux, de leur mode d'exécution et de leur paiement.

Les projets des travaux seront rédigés ou vérifiés par les ingénieurs des ponts et chaussées du département. Ils seront examinés par le syndicat et par l'ingénieur en chef et approuvés par le préfet. Celui-ci devra toutefois les soumettre à l'approbation de l'administration supérieure, lorsqu'il s'agira de travaux autres que ceux de simple entretien.

Les travaux seront adjugés, autant que possible, d'après le mode adopté pour ceux des ponts et chaussées, en présence du directeur du syndicat. Ils pourront cependant être exécutés de toute autre manière, sur la demande des syndicats et d'après l'autorisation du préfet.

L'exécution des travaux aura lieu sous la direction des ingénieurs des ponts et chaussées du département et sous la surveillance du directeur, ainsi que d'un membre que le syndicat désignera à cet effet. Il sera nommé, s'il y a lieu, par le préfet, un conducteur spécial sur la présentation du syndicat et sur l'avis de l'ingénieur en chef.

La réception des travaux sera faite par l'ingénieur du service du département, en présence du directeur et d'un membre du syndicat. Le procès-verbal qui sera soumis au visa de l'ingénieur en chef, devra constater que les travaux ont été exécutés conformément aux projets approuvés et aux règles de l'art.

Les travaux urgents pourront être exécutés immédiatement par ordre du directeur, qui en rendra compte au syndicat et au préfet. Ce magistrat pourra suspendre l'exécution de ces travaux, s'il le juge convenable, après avoir pris l'avis de l'ingénieur en chef et du syndicat. A défaut du directeur, le préfet pourra faire constater l'urgence des travaux et ordonner leur exécution immédiate.

Les paiements d'acompte pour les travaux

exécutés seront effectués en vertu de mandats du directeur, d'après les états de situation dressés par les ingénieurs des ponts et chaussées et visés par le syndic chargé de la surveillance des travaux.

Pour les paiements définitifs, il sera produit, en outre, un procès-verbal de réception, dressé conformément aux dispositions de l'article 32.

A défaut du syndic directeur, le préfet pourra délivrer des mandats, d'après les états de situation des ingénieurs, pour le paiement des dépenses faites d'office conformément à ses ordres. (Décret du 19 décembre 1860 ; syndicat de l'Isère et de l'Arc.)

Le directeur du syndicat dépose pendant 15 jours à la mairie de la commune où il siège et dans le courant des deux premiers mois de l'année, le compte des travaux exécutés pendant l'année précédente, afin que les propriétaires puissent en prendre connaissance.

Préparation du budget.

Chaque année, ordinairement au mois de septembre et d'octobre, l'ingénieur, accompagné du syndic directeur, vérifiera la situation des travaux et dressera, de concert avec lui, le projet de budget et l'état d'indication des travaux pour l'année suivante. Ce projet sera affiché pendant quinze jours à la mairie de la commune de la situation des lieux, afin que les intéressés puissent présenter leurs observations. Il sera ensuite soumis à l'examen du syndicat, à celui de l'ingénieur en chef, et enfin à l'approbation du préfet.

En cas de dissentiment entre eux, l'ingénieur et le directeur dresseront séparément leur projet de budget, qui sera soumis à la publicité prescrite au paragraphe précédent, et le préfet prononcera après avoir consulté l'ingénieur en chef et après avoir préalablement demandé l'avis du syndicat, qui devra le fournir dans un délai de quinzaine, faute de quoi il sera passé outre.

Il sera procédé de même en cas de dépenses extraordinaires et non prévues.

Le projet du budget sera toujours accompagné d'un rapport qui fera connaître l'état des ouvrages.

Exercice financier.

L'exercice pour les recettes et les dépenses des associations syndicales se renferme dans la même période que l'exercice financier des communes et des établissements de bienfaisance. Toutefois, conformément à la circulaire du 16 février 1886, les percepteurs-trésoriers de syndicats, qui ne sont pas à traitement fixe, doivent être en mesure, vers le 20 février, de savoir quelles seront les opérations à réaliser jusqu'au 31 mars, et par suite de calculer les émoluments qu'elles comportent.

Emprunts.

Les syndicats ne peuvent contracter un emprunt sans y être autorisés par un décret qui en détermine le chiffre et les conditions. Ils sont contractés par le directeur au nom de l'association, et peuvent être réalisés suivant le mode qui paraît le plus favorable au syndicat, soit de gré à gré, soit avec publicité et concurrence, soit auprès de la Caisse des dépôts et consignations, soit enfin auprès du Crédit foncier de France. (*Mémorial des percepteurs*, 1860, p. 229.)

Le Crédit foncier prête aux associations syndicales au taux d'intérêt de 4 fr. 10 c. p. 100, avec amortissement dans un délai de 5 à 50 ans. (Circulaire du 1ᵉʳ juillet 1892.)

Il exige la garantie des communes intéressées.

Les règles applicables aux communes et aux

établissements pour la réalisation des emprunts, sont applicables aux associations syndicales autorisées.

Les directeurs sont assimilés aux maires, les trésoriers aux receveurs municipaux et les commissions syndicales aux conseils municipaux pour l'accomplissement des formalités relatives à cette réalisation.

L'impôt sur le revenu est applicable aux intérêts des emprunts contractés par les syndicats. Il l'est également aux intérêts des emprunts faits aux membres du syndicat. (Tribunal civil de Laon, 25 août 1881.)

Lorsqu'un syndicat a contracté par voie d'obligations au porteur un emprunt amortissable en capital et intérêts au moyen des cotisations syndicales à imposer sur des intéressés, il appartient aux tribunaux ordinaires de statuer sur les réclamations des porteurs d'obligations à fin de paiement. (Tribunal des conflits, 11 décembre 1880.)

Remboursement des emprunts.

Le syndic directeur doit faire dresser, dans le courant de janvier, le tableau des sommes à payer pendant l'année pour le remboursement des emprunts contractés par le syndicat, afin de ne pas perdre de vue le jour de chaque échéance, et d'être prêt à délivrer en temps utile aux ayants droit des mandats sur la caisse du syndicat pour assurer le service régulier du remboursement du capital et des intérêts.

Garantie des emprunts contractés par les associations syndicales.

Dans l'état actuel de la législation, les communes peuvent garantir les emprunts contractés par les associations syndicales. C'est du reste ce que le Sénat a admis en votant la loi relative à la concession des canaux d'irrigation et de submersion de Fabrezan et de Luc-sur-Orbieu. Cette loi contient, en effet, un article ainsi conçu : « Les communes sur le territoire desquelles s'étend le périmètre desservi sont autorisées, dans les limites et sous les formes prescrites par les articles 141, 142, 143 de la loi du 5 avril 1884, à garantir tout ou partie des emprunts contractés par l'association syndicale, à charge de remboursement par cette dernière des sommes que les communes auront pu avancer pour le service de cette garantie. »

Comptes de gestion. — Associations libres.

Les caissiers d'une association syndicale libre doivent rendre leurs comptes au représentant légal de cette association, qui, seul, a qualité pour les déclarer quittes. Ils suivent, en cela, les règles du droit commun.

Dans le cas où le comptable refuserait de produire ses comptes ou en produirait d'irréguliers, c'est l'autorité judiciaire qui serait appelée à statuer.

Comptes de gestion. — Associations autorisées.

Il n'en est pas de même des receveurs des associations syndicales autorisées. Ils sont, en leur qualité de comptables de deniers publics, sous le contrôle d'une juridiction spéciale qui les déclare ou quittes, ou en avance, ou en débet. La décision dont il s'agit doit intervenir chaque année. Les comptes des trésoriers des associations autorisées dont les revenus ordinaires excédent 30,000 fr. sont déférés à la juridiction de la Cour des comptes. Si, au contraire, ces revenus n'excèdent pas 30,000 fr. les comptes sont soumis à la juridiction des conseils de préfecture sauf recours à la Cour des comptes. (Avis de la Cour des comptes du 29 décembre 1876.)

Le compte de gestion doit indiquer comme pour les communes :

1° L'encaisse au commencement de la gestion ;

2° Dans une première partie les recettes et les dépenses de l'exercice expiré ;

3° Dans une deuxième partie la reprise sommaire desdites recettes et dépenses, puis les recettes et dépenses de toute nature faites pour l'exercice courant ;

4° L'état de la caisse au 31 décembre.

Aucun compte n'est réputé en état d'examen s'il n'est accompagné des pièces principales sans lesquelles la vérification ne pourrait embrasser l'ensemble des opérations.

Toutes les recettes et dépenses doivent être appuyées d'un titre fixant le montant des sommes à payer ou à recouvrer.

Les pièces justificatives de recettes et de dépenses sont déterminées par nature de service, dans les nomenclatures arrêtées conformément aux articles 88 et 881 du décret du 31 mai 1862.

Toutes les règles qui régissent la justification des recettes et des dépenses des communes et des établissements de bienfaisance s'appliquent aux recettes et aux dépenses des syndicats.

Examen des comptes de gestion par les commissions syndicales.

Après vérification par les receveurs des finances, une expédition non timbrée des comptes est soumise aux syndics dans les deux mois de l'année qui suit l'année du compte. (Voir le modèle joint à la circulaire du 23 janvier 1844, reproduit par le modèle 201 *bis* de l'Instruction générale, art. 1353 *bis* supplément.)

Pendant le temps de l'examen des comptes par les commissions syndicales, le comptable tient les pièces justificatives à la disposition de ces assemblées. S'il lui est demandé extraordinairement communication de ces pièces, il les communique en personne. S'il est nécessaire que le comptable se dessaisisse momentanément de quelques-unes de ces pièces, elles ne sont remises que contre un bordereau détaillé et certifié par le syndic-directeur. (Instruction générale, art. 1351.)

La nécessité de cette remise doit se présenter rarement. C'est à tort que quelques receveurs se sont mis dans l'usage de soumettre aux commissions syndicales toutes leurs pièces justificatives en déposant leurs comptes. Il est de principe que le comptable ne communique ces pièces qu'en cas de besoin et qu'il ne s'en sépare que dans des circonstances majeures et toujours contre un bordereau détaillé, revêtu du certificat du directeur. (V. agenda de l'Isère.)

Envoi des comptes de gestion.

Lorsque les comptes de gestion ont été examinés par les commissions syndicales, toutes les pièces sont de nouveau remises par le comptable au receveur des finances, avec les délibérations qui constatent l'examen desdits comptes et avec l'expédition sur papier libre destinée au conseil de préfecture.

Le comptable y joint la minute timbrée qui a été revêtue primitivement des observations du receveur des finances.

Receveurs remplacés.

Les receveurs remplacés, ou leurs représentants, doivent rendre leur compte final dans les trois mois de la cessation de fonctions. Ce compte final est en conséquence soumis dans les deux mois à la vérification du receveur des finances, subséquemment au syndicat et présenté à la fin du troisième mois au conseil de préfecture accompagné des pièces justificatives accoutumées.

Exemption de timbre pour les comptes des syndicats.

Les comptes des syndicats sont exempts de timbre, par application du principe en vigueur pour les comptes des communes et aux termes de l'article 16 de la loi du 13 brumaire an VII et d'une décision ministérielle du 9 septembre 1854. Il est fait exception pour les doubles de ces comptes, destinés à faire titre aux comptables pour leur décharge personnelle, c'est-à-dire des minutes ; ces dernières doivent être timbrées.

Jugement des comptes de gestion.

Le conseil de préfecture statue sur les comptes de gestion des receveurs en séance non publique. (L. 21 juin 1865, art. 10.)

L'appel est porté non devant le Conseil d'État, mais devant la Cour des comptes. (L. 5 avril 1884, art. 157.)

Les règles de procédure en usage devant la

Cour des comptes sont suivies dans la limite que comporte l'organisation des conseils de préfecture. (Déc. 31 mai 1862, art. 433.)

La question de savoir si les arrêtés du conseil de préfecture en pareille matière pourraient être déférés au Conseil d'État par la voie du recours pour excès de pouvoir, a donné lieu à des variations de jurisprudence. (L. 24 mai 1872, art. 9.)

Notification par les receveurs des finances des arrêts de la Cour des comptes et des arrêtés du conseil de préfecture.

Le décret du 27 janvier 1866 fixait un délai de 15 jours pour la notification par les receveurs des finances des arrêts de la Cour des comptes aux justiciables de cette cour.

La circulaire du 1er mars 1866 fixe le même délai pour la notification des arrêtés des conseils de préfecture.

Les tableaux collectifs portant extrait des arrêtés seront, en conséquence, transmis dans le délai de 15 jours aux comptables intéressés qui en adresseront immédiatement le reçu. Ce délai courra du jour de la réception des tableaux et les reçus seront déposés à la recette des finances.

Du reste, les dispositions concernant les notifications à faire aux receveurs municipaux, ne dispensent pas d'adresser aux maires, pour être déposée aux archives de la mairie, une expédition des arrêtés des conseils de préfecture sur les comptes de gestion. Les arrêts de la Cour des comptes, transmis aux préfets, leur seront en outre communiqués.

L'état que les préfets doivent transmettre chaque année au ministère des finances pour constater la situation de l'apurement des comptes, ne sera présenté que dans le courant de septembre.

Rôles de journées d'ouvriers établis par les ingénieurs. — Droits et amendes de timbre. — Responsabilité.

M. le ministre de l'agriculture a posé la double question de savoir: 1° si les rôles de journées d'ouvriers employés par les syndicats d'assainissement, signés et certifiés par les ingénieurs des ponts et chaussées, émargés de la signature des ouvriers et visés par le directeur du syndicat, doivent être rédigés sur du papier timbré de dimension ; 2° dans le cas où le droit de timbre serait reconnu exigible si ce droit et l'amende encourue doivent être réclamés à l'ingénieur, auteur du rôle.

L'affirmative est adoptée sur les deux points.

Les rôles établis par les ingénieurs dans les conditions susénoncées ne sauraient être considérés comme des pièces d'ordre intérieur ; ils sont rédigés au nom et dans l'intérêt des ouvriers, auxquels ils servent de titre pour obtenir l'ordonnancement et le paiement des salaires qui leur sont dus. Ils constituent ainsi de véritables mémoires et tombent sous l'application de la disposition générale de l'article 12 de la loi du 13 brumaire an VII.

D'autre part, il est de jurisprudence que les signataires des écrits répondent personnellement des contraventions à la loi du timbre (Cass. 19 nov. 1839 ; Déc. min. du 19 août 1875). Le ministre des finances a rendu, le 26 décembre 1888, une décision dans ce sens.

Ingénieurs des ponts et chaussées. — Honoraires. Travaux publics. — Mandats.

Les mandats exécutoires délivrés par les préfets pour frais et honoraires de toute nature, auxquels donnent lieu les travaux d'intérêt public exécutés d'office ou de gré à gré, à la charge des particuliers, seront recouvrés par les percepteurs des contributions directes. (Décret du 27 mai 1854, art. 1er.)

En pratique, l'arrêté fixant les honoraires est adressé au percepteur, qui verse la somme à la recette des finances, sur un simple mandat du syndic-directeur acquitté par le receveur particulier des finances.

Le taux des honoraires dus aux ingénieurs est fixé d'après le décret de 1854 au 4 p. 100 sur le montant des travaux, déduction faite du montant de la subvention accordée par l'État.

Qualité du percepteur-trésorier d'un syndicat.

Le percepteur-trésorier d'un syndicat doit être considéré comme le mandataire de ce syndicat et non comme son agent. (Jugement du tribunal civil de Marmande, 31 janvier 1888 ; *Journal des percepteurs,* année 1888, page 150.)

Poursuites pour le recouvrement de créances autres que les taxes syndicales.

Lorsqu'il s'agit non plus des taxes syndicales recouvrées sur les redevables intéressés, mais de créances appartenant au syndicat et résultant de l'exercice de ses droits de propriété, par exemple de l'adjudication faite à un tiers de divers produits appartenant à l'association, les règles du droit commun sont seules applicables. Pour contraindre le débiteur récalcitrant, il n'y a d'autre moyen que d'obtenir contre lui un jugement de condamnation.

En vertu de l'article 154 de la loi du 5 avril 1884 et de l'article 852 de l'Instruction générale, les communes jouissent dans ce cas d'un moyen d'exécution simple et sommaire qui les dispense de recourir à un jugement ; mais cette exception en leur faveur ne saurait s'étendre aux créances des syndicats. En matière de poursuites tout est de droit rigoureux et il n'y a aucune disposition légale qui permette cette extension.

Impôt sur le revenu.

L'article 1er de la loi du 29 juin 1872 a établi une taxe annuelle et obligatoire sur les arrérages et intérêts annuels des emprunts et obligations des communes et des établissements publics, y compris les syndicats.

Ce droit, fixé à 3 p. 100 du revenu des valeurs ci-dessus et des primes de remboursement, a été élevé à 4 p. 100 par l'article 4 de la loi du 26 décembre 1890. Il n'est pas soumis aux décimes, et le montant en est avancé par les syndicats pour être payé par trimestre et d'avance sur mandats du syndic-directeur, dans les vingt premiers jours des mois de janvier, avril, juillet et octobre de chaque année. (Décret 6 décembre 1872, art. 1 et 2.)

Droit de transmission.

L'article 11 de la loi du 16 septembre 1871 a soumis à un droit de 50 centimes pour 100 francs de la valeur négociée les titres nominatifs, et à un droit de 15 centimes les titres au porteur. Ce droit a été fixé par l'article 3 de la loi du 29 juin 1872 à 50 centimes par 100 francs pour la transmission ou la conversion des titres nominatifs et à 20 centimes par 100 francs pour les titres au porteur. Ces taxes ne sont pas soumises aux décimes. Elles sont payables dans les vingt premiers jours qui suivent l'expiration de chaque trimestre. La taxe annuelle doit se calculer sur le montant des titres existant au dernier jour de chacun des trimestres de janvier, avril, juillet et octobre. (Décret du 17 juillet 1857, art. 5.) Il en résulte que les titres qui existaient au commencement d'un trimestre et qui ont été amortis ou convertis avant l'expiration de ce trimestre, fût-ce le dernier jour, n'entrent pas dans le compte de la masse imposable pour ce même trimestre et réciproquement qu'un titre, émis à la fin du trimestre, supporte la taxe pour le trimestre entier. (Solutions de la régie, 9 octobre 1857 ; 19 juillet 1873.)

Toute infraction aux dispositions de la loi, ou tout retard dans le paiement des droits est puni d'une amende de 100 à 5,000 fr. (L. 23 juin 1857, art. 10 ; décret 17 juillet 1857, art. 2.)

Droits de timbre. — Abonnement au timbre.

Conformément à l'article 27 de la loi du 5 juin 1850, les titres d'obligations souscrits à compter du 1er janvier 1851, sous quelque dénomination que ce soit, dont la cession, pour être parfaite à l'égard des tiers, n'est pas soumise aux dispositions de l'article 1690 du Code civil, sont assujettis au timbre proportionnel de un pour cent du montant du titre, payable au comptant, en une seule fois au moment où la formalité est remplie.

La perception du droit est calculée sur les sommes et valeurs de vingt francs en vingt francs inclusivement et sans fraction.

L'article 31 de la même loi dispose que les établissements et par conséquent les syndicats peuvent s'affranchir de l'obligation imposée par l'article 37 ci-dessus, en contractant avec l'État un abonnement pour toute la durée des titres. Ce droit est annuel et de 5 centimes par cent francs du montant de chaque titre. Le paiement a lieu à la fin de chaque trimestre.

Ce droit de timbre est assujetti à deux décimes par les lois des 23 août 1871, article 2, et 30 mars 1872, article 3.

Le directeur du syndicat devra faire au bureau de l'enregistrement, dans le délai d'un mois, une déclaration constatant l'objet, le siège et la durée de la Société, la date de l'acte constitutif, les noms des syndics, etc.

Réclamations contre les taxes syndicales.

Le recouvrement des rôles des taxes syndicales étant assimilé à celui des contributions publiques, les demandes en dégrèvement doivent, à peine de déchéance, être présentées dans les trois mois de la publication du rôle. (Conseil d'État, 2 juin 1864 ; 1er juin 1869 ; 11 mai 1872 ; 20 janvier 1888.)

Si la publication du rôle n'a pas été faite, le délai de trois mois ne court qu'à dater de l'avertissement donné au contribuable par le receveur du syndicat. (Conseil d'État, mars 1883.)

Lorsque l'acte d'association ne prescrit pas le recouvrement des taxes par douzièmes, le propriétaire qui réclame n'est pas tenu de joindre la quittance des termes échus ; sa pétition n'en est pas moins recevable. (Conseil d'État, 28 juin 1869.)

Une demande en décharge peut être formée par lettre adressée au préfet (Conseil d'État, 7 avril 1876). Mais si cette lettre ne contient pas l'intention, manifestée nettement, de saisir le conseil de préfecture, elle ne constitue pas une demande en décharge. (Conseil d'État, 9 février 1872.)

Les agents des contributions directes n'ont pas à intervenir dans les réclamations relatives aux taxes syndicales. (Conseil d'État, 22 août 1868.)

Décharge ou réduction de taxes syndicales.

Principales espèces dans lesquelles décharge est accordée :

1° Demande en décharge de taxes fondée sur ce que le syndicat a été irrégulièrement constitué (Conseil d'État, 20 mai 1868, 27 juillet 1888) ;

2° Demande fondée sur ce que la base de répartition n'a pas été bien appliquée (Conseil d'État, 1er juin 1883, syndicat de la rive droite du Drac) ;

3° Demande fondée sur ce que la dépense que les taxes sont destinées à couvrir n'a pas été réellement faite ;

4° Demande fondée sur ce que les travaux entrepris par l'association ne sont pas conformes au but pour lequel elle a été constituée (Conseil d'État, 17 juin 1873) ;

5° Demande fondée sur ce que le réclamant, pour jouir des travaux exécutés par le syndicat, est obligé de faire des ouvrages qui ne rentrent pas dans la catégorie de ceux auxquels il est tenu (Conseil d'État, 21 mai 1880 ; min. trav. publics, 22 juin 1883 et 19 décembre 1884) ;

6° Demande fondée sur ce que les ressources

du syndicat ont été employées sans l'autorisation de l'administration à des travaux non prévus par le budget et dans l'intérêt spécial de quelques propriétaires. La généralité des membres de l'association n'ayant pas profité desdits travaux, sont fondés à soutenir qu'ils ne sauraient être tenus de contribuer aux dépenses occasionnées par leur exécution (Conseil d'État, 1er mai 1869);

7° Lorsqu'un syndicat général a été divisé, par décret, en plusieurs associations syndicales distinctes, et que le décret impose à celles-ci l'obligation de dresser un plan parcellaire, de déterminer le périmètre et la classification des terrains, et de soumettre le tout à une enquête, l'inexécution de ces obligations entache d'irrégularité les taxes établies par un des syndicats nouveaux, d'après les bases précédemment établies pour l'ancien syndicat général (Conseil d'État, 2 février 1877).

8° Demande en décharge fondée sur ce que le rôle des taxes syndicales n'a pas été dressé avec les garanties exigées pour la protection des intéressés (Conseil d'État, 27 janvier 1865, syndicat du canal de Crillon).

Quelques espèces dans lesquelles décharge n'est pas accordée :

Le Conseil d'État n'a pas admis une demande en décharge fondée sur ce que le directeur d'un syndicat ne remplissait pas les conditions d'éligibilité prescrites par les règlements ;

Il n'a pas accordé décharge pour le simple motif que les comptes des travaux exécutés pendant l'exercice écoulé n'auraient pas été déposés à la mairie dans les deux mois de sa clôture, contrairement aux statuts de l'association ;

Certains propriétaires compris dans une association syndicale ne sont pas fondés à demander que leurs parcelles soient distraites du périmètre du syndicat sous prétexte que ce syndicat aurait été irrégulièrement constitué, lorsqu'il est démontré que ledit syndicat n'est que la continuation d'une association régulière antérieure (Conseil d'État, 14 janvier 1869) ;

Un propriétaire qui est entré dans une association syndicale autorisée, ne peut se refuser à payer les taxes en disant qu'il renonce à faire partie de l'association et qu'il s'en retire. (Conseil d'État, 2 mai 1873.)

Si la décharge a été accordée pour une simple irrégularité dans la procédure de recouvrement, l'association syndicale ne sera pas définitivement privée des taxes ; elle en obtiendra le paiement si dans une nouvelle procédure on a soin de se conformer aux règles prescrites.

Lorsqu'au contraire la décharge a été accordée parce que la taxe a été illégalement établie, cette taxe ne pourra être réimposée.

D'après [l'article 18 de l'arrêté du 24 floréal an VIII les frais d'expertise, dans les recours en matière de contributions directes, ne sont mis à la charge du réclamant qu'autant que sa réclamation est rejetée. Dans le cas où le requérant obtiendrait décharge de la taxe, même partiellement, les frais d'expertise devront incomber en totalité à l'association. (Conseil d'État, 26 juin 1869.)

Si une taxe dont le conseil de préfecture a accordé la décharge, est rétablie ensuite par le Conseil d'État, le syndicat n'a pas droit à des intérêts moratoires. (Conseil d'État, 21 novembre 1873.)

Application de la loi du 5 avril 1884 à la gestion des syndicats par analogie avec les communes.

L'administration supérieure a été consultée plusieurs fois sur la possibilité de suppléer au silence des lois du 21 juin 1865 et 22 décembre

1888 sur certaines questions relatives à la gestion des associations syndicales par l'application de la loi du 5 avril 1884, et sur la question de savoir si l'on peut dans certains cas assimiler les syndicats aux communes et aux établissements hospitaliers.

Les ministres des finances et de l'agriculture ont conclu dans le sens de l'affirmative.

(Avis du ministre de l'agriculture du 21 février 1885 ; avis du directeur du contentieux au ministère des finances du 24 mars 1885 ; arrêt de la cour de Montpellier du 19 juillet 1886.)

CINQUIÈME PARTIE

FORMULES

ASSOCIATIONS SYNDICALES LIBRES

ENGAGEMENT

Je soussigné (*nom et prénoms*), propriétaire, domicilié à (*indication du domicile*), après avoir pris connaissance des statuts ci-annexés, déclare m'y soumettre d'une manière absolue et consens à faire partie de l'association syndicale libre de

J'engage dans cette association une contenance de   hectares   ares   centiares, savoir :

INDICATION des COMMUNES. et des parcelles.	DÉSIGNATION CADASTRALE		CONTENANCES.		
	Sections.	Nos	Hectares	Ares.	Centiares.
TOTAL. . . .					

Le présent engagement fait en double original.

A   , le

(*Signature du souscripteur.*)

M. (*nom et prénoms*) ayant déclaré ne savoir signer, a accepté le présent engagement en présence de MM. (*nom et prénoms des deux témoins*).

A   , le

(*Signatures des deux témoins.*)

Pièces à produire pour la formation d'une association syndicale autorisée.

1° Demande (T) adressée au préfet ou au sous-préfet présentée par le maire ou par les propriétaires intéressés à l'effet de se réunir en assemblée générale pour délibérer sur l'utilité de former une association syndicale autorisée ;

2° Délibération en double expédition dans laquelle les propriétaires intéressés nomment 5, 7 ou 9 syndics provisoires auxquels ils donnent pleins pouvoirs d'agir auprès de l'administration en vue de l'organisation définitive de l'association ; cette délibération aura soin de stipuler en ··· le but et les conditions de l'association ;

3° Délibération, en double expédition, par laquelle les syndics provisoires choisissent parmi eux un syndic-directeur et un syndic-directeur adjoint ;

4° Liste des propriétaires intéressés ;

5° Plan parcellaire indiquant le périmètre des terrains à comprendre dans l'association ;

6° État matrice indicatif des numéros des parcelles appelées à profiter des travaux en vue desquels le syndicat doit exister ;

7° Projet de règlement stipulant les clauses et conditions de l'association.

CONSTITUTION D'UNE ASSOCIATION SYNDICALE

Préfecture de

Enquête sur le projet de

ARRÊTÉ

Nous, Préfet de
Vu le projet d'association ainsi que les plans et devis des travaux étudiés par MM. les ingénieurs du service hydraulique sur l   pour
Vu l'article 10 de la loi du 21 juin 1865 sur les associations syndicales et le décret du 17 novembre suivant;

Arrêtons :

Art. 1er. — Les pièces ci-dessus visées demeureront déposées pendant 20 jours à partir du   au secrétariat de la mairie de   où chacun pourra en prendre connaissance sans déplacement et sans frais.

Art. 2. — Avis de ce dépôt et du but de l'enquête sera immédiatement donné par les soins du maire de
au moyen de publications faites à son de trompe ou de caisse et d'affiches qui seront apposées aux portes de la mairie et de l'église du lieu.

Art. 3. — Pendant la durée de l'enquête un registre spécial sera ouvert à la mairie de   pour recevoir les observations soit des propriétaires compris dans le périmètre, soit de tous autres intéressés.

Art. 4. — Indépendamment des formalités d'affiches et de publications qui devront être certifiées par le maire de
ce magistrat devra dans les 5 jours qui suivront l'ouverture de l'enquête notifier le dépôt des pièces à chacun des propriétaires dont les terrains sont compris dans le périmètre intéressé aux travaux et dénommés dans l'état parcellaire joint au dossier. Il sera gardé original de cette notification. En cas d'absence, la notification prescrite sera faite aux représentants des propriétaires ou à leurs fermiers et métayers et, à défaut de représentants ou de fermiers, elle sera laissée à la mairie du lieu.

L'acte de notification invitera les propriétaires à déclarer dans les délais et les formes ci-dessus déterminés s'ils consentent à concourir à l'entreprise.

Art. 5. — M. M   est désigné pour remplir les fonctions de commissaire-enquêteur.

A l'expiration de l'enquête qui aura lieu le
et pendant les trois jours qui suivront, le commissaire recevra de 1 heure à 4 heures du soir à la mairie de
les déclarations des intéressés sur l'utilité des travaux projetés.

Après avoir clos et signé le registre de ces déclarations, le commissaire le transmettra immédiatement à la préfecture avec son avis motivé et les autres pièces de l'instruction qui auront servi de base à l'enquête.

Art. 6. M. le sous-préfet de   est chargé
d'assurer l'exécution du présent arrêté.

Le Préfet de

Le maire prévient les propriétaires intéressés par la lettre ci-dessous :

Lettre d'avis.

Le maire de
à M.

J'ai l'honneur de vous prévenir qu'en exécution d'un arrêté de M. le Préfet, en date du   , les projets d'association syndicale et de travaux relatifs à
demeureront déposés à la mairie de   pendant vingt jours à partir du

Je vous invite, en conséquence, à vous rendre audit lieu, dans le délai fixé, à l'effet de prendre connaissance desdites pièces et de déclarer si vous consentez à concourir à l'entreprise.

Toute réclamation produite après l'enquête sera considérée comme non avenue.

Agréez, etc.

Le Maire,

Notification.

L'an mil huit cent   , le   à la requête de M. le maire de   agissant en exécution de l'art.   de l'arrêté préfectoral du

Je soussigné   (*nom, prénoms, qualité de l'agent notificateur*) à la résidence de   chargé de notifier la lettre d'avis ci-dessus transcrite à M.   , me suis transporté à   où étant et parlant à   (en l'absence du propriétaire la notification sera faite à son représentant ou à son fermier et, à défaut, à la mairie du lieu) ainsi qu'il m'a dit être
et aussitôt ai notifié ladite lettre dont j'ai laissé copie à mondit sieur.

Le maire doit en outre faire afficher et publier l'avis au public suivant :

AVIS AU PUBLIC

Enquête sur le projet d

Le maire de la commune de   donne avis qu'en exécution d'un arrêté de M. le Préfet de   , en date du   , le projet d'association syndicale ainsi que les plans et devis des travaux étudiés par MM. les ingénieurs du service hydraulique pour   demeureront déposés pendant vingt jours, à partir du   au secrétariat de la mairie de   où chacun pourra en prendre connaissance sans déplacement et fournir ses observations sur le registre spécial qui sera ouvert à cet effet.

A l'expiration de l'enquête qui aura lieu le   et pendant les trois jours qui suivront, M.   , désigné comme commissaire-enquêteur par M. le Préfet, recevra de   à   , à la mairie de   , les déclarations des intéressés sur l'utilité des travaux projetés.

Fait en mairie, à   , le

(*Sceau de la mairie.*)

L'avis ci-dessus est déposé au dossier de l'enquête, avec le certificat suivant constatant les publications et affiches :

Certificat constatant les publications et affiches.

Le maire de la commune d   certifie que l'avis ci-dessus a été publié à son de caisse dans cette commune le   et affiché aux portes de la mairie pendant la durée de l'enquête.

A   , le

CONSTITUTION D'UNE ASSOCIATION SYNDICALE

CONVOCATION DE L'ASSEMBLÉE GÉNÉRALE

Nous, Préfet du département de
Vu les pièces de l'enquête à laquelle le projet d'association
et les plans relatifs à   ont été soumis
dans les communes de   en exécution de
notre arrêté du
Vu l'avis de M le commissaire-enquêteur;
Vu la loi du 21 juin 1865;
Considérant que les formalités prescrites par le décret du
17 novembre 1865 ont été remplies ;

ARRÊTONS :

Art. 1er.

Tous les propriétaires intéressés à   sont convoqués le   à   heures en assemblée générale
pour déclarer s'ils consentent à faire partie de l'association
syndicale.

Art. 2.

M.   est nommé président de l'assemblée générale.

Art. 3.

Un procès-verbal constatera l'adhésion de chaque intéressé
et le résultat de la délibération.

Art. 4.

Le président nous transmettra le procès-verbal de la séance
immédiatement pour être statué ce qu'il appartiendra.

Art. 5.

Application du présent arrêté sera adressé au maire de chacune des communes intéressées, pour être publié à son de
trompe ou de caisse et affiché tant à la porte de la mairie que
dans un lieu apparent, près ou sur les portes de l'église.

Fait à   , le

Le Préfet,

SYNDICATS POUR TRAVAUX D'ART, DESSÉCHEMENT DES MARAIS

ÉLECTION DES SYNDICS

Assemblée générale du

Présidence de M.   *Secrétaire, M.*

M. le président a exposé à l'assemblée qu'il y a lieu de procéder à l'élection de   syndics, en remplacement de MM.   lesquels sont en fonctions depuis le   , c'est-à-dire depuis   années. Il a fait observer que les nouveaux syndics doivent être élus parmi les membres de l'association syndicale ayant droit de faire partie des assemblées générales, que les syndics sortant de fonctions peuvent être réélus, et que nul ne peut être élu s'il ne réunit la majorité des suffrages.

En conséquence chacun des membres de l'assemblée a écrit sur un bulletin les noms des intéressés auxquels il entendait donner ses suffrages ; il a remis son bulletin fermé à M. le président, qui l'a déposé dans la boîte destinée à cet usage.

M. le président s'étant enquis si tous les membres présents avaient voté, la boîte a été ouverte, et, les bulletins comptés, ils se sont trouvés au nombre de   nombre égal à celui des votants. La majorité a été ainsi fixée à   voix.

M. le président a pris successivement chaque bulletin, l'a déplié et en a fait lecture à haute voix ; M. le secrétaire a

tenu note des votes, et il est résulté du recensement que
M.   a obtenu   suffrages, etc.

En conséquence, MM   , ayant obtenu la majorité
nécessaire, M. le président les a proclamés syndics pour une
période de   années conformément aux statuts.

Et il a annoncé qu'aucun autre candidat n'ayant obtenu la
même majorité, on allait procéder à un nouveau tour de scrutin
pour l'élection d'un syndic restant à nommer, en prévenant
qu'on ne doit écrire qu'un nom sur le bulletin.

M. le président ayant reçu, compté et dépouillé les bulletins
de la même manière que dans l'opération précédente, il est
résulté du recensement que M.   a obtenu
suffrages. En conséquence, M.   a été proclamé syndic.

Le résultat des élections ainsi constaté et aucune réclamation
n'étant élevée, le présent procès-verbal a été clos et après que
lecture en a été faite, M. le président a levé la séance.

Le Secrétaire,   *Le Président,*

SYNDICATS POUR TRAVAUX D'ART, ETC.

NOMINATION DU DIRECTEUR

L'an mil huit cent   , le   , les syndics de l'association de   , réunis au siége de l'administration sous la présidence d' M   , ont successivement procédé, en exécution de l'article 21 de la loi du 21 juin 1865, à l'élection annuelle du directeur et du directeur adjoint de l'association.

Ont été élus, au scrutin et à la majorité des voix, directeur, M.   , et directeur adjoint M.

Chacun d'eux a déclaré accepter les fonctions qui lui sont confiées.

Cette opération accomplie, la commission syndicale, sous la présidence du directeur élu, s'est occupée, etc. (*suit le procés-verbal des différentes délibérations prises dans la réunion*).

Lecture faite du procés-verbal, les syndics l'ont signé et M. le président a levé la séance.

(Signatures.)

ASSOCIATION SYNDICALE

POUR ENDIGUEMENT, CURAGE, APPROFONDISSEMENT, ETC.

CONSTITUTION DE LA SOCIÉTÉ (STATUTS)

Art. 1er.

Objet général.

Les propriétaires des terrains que comprend le périmètre tracé sur le plan annexé au présent acte, et dont les noms sont portés à l'état qui l'accompagne sont réunis en association syndicale pour assurer l'exécution et l'entretien des travaux d'enrochements, digues, bourrelets, canaux et fossés d'assainissement dans le territoire de   entre

Le siège de l'association est fixé à

TITRE 1er.

ASSEMBLÉE GÉNÉRALE. COMMISSION SYNDICALE.

Art. 2.

Assemblée générale des intéressés.

L'assemblée générale des intéressés se compose des propriétaires de terrains possédant au moins un hectare dans le périmètre ou payant au moins   fr. sur un rôle total de   fr.

Les propriétaires de parcelles inférieures à ce minimum peuvent se réunir pour se faire représenter à l'assemblée générale par un ou plusieurs d'entre eux, en nombre égal au nombre de fois que le minimum, un hectare, se trouve compris dans leurs parcelles réunies.

Chaque propriétaire a droit à autant de voix qu'il possède de fois le minimum de un hectare, sans que ce nombre puisse dépasser   voix.

Art. 3.

Femmes et absents.

Les absents et les femmes peuvent se faire représenter à l'assemblée générale par des fondés de pouvoirs, sans que le même fondé de pouvoirs puisse être porteur de plus de mandats, chaque mandat correspondant d'ailleurs au nombre de voix auquel a droit le propriétaire en vertu de l'article 2 ci-dessus.

Art. 4.

Convocations à l'assemblée générale.

Les convocations à l'assemblée générale se font collectivement, dans chaque commune, à son de trompe ou de caisse et par des affiches à la porte de la mairie ou dans un lieu apparent, près ou sur les portes de l'église.

L'assemblée générale est valablement constituée, lorsque le nombre des voix représentées est au moins égal à la moitié plus une du total des voix de l'association. Si cette condition n'est pas remplie dans une première réunion, il doit y avoir à quinze jours d'intervalle, une seconde réunion dans laquelle l'assemblée délibère valablement, quel que soit le nombre des voix représentées.

Les délibérations sont prises à la majorité.

Art. 5.

Commission administrative.

L'association est administrée par une commission syndicale composée de 9 membres élus par l'assemblée générale parmi les intéressés conformément aux indications des présents statuts.

Art. 6.

Élection des syndics.

A l'effet de procéder à la première élection, le préfet convoque l'assemblée générale par un arrêté qui fixe le lieu de la réunion, en nomme le président et détermine les formes de l'élection.

L'élection se fait au scrutin de liste et pour le premier tour, à la majorité absolue des voix représentées ; si tous les syndics ne sont pas élus au premier tour, l'élection se poursuit à la majorité relative.

Dans le cas où l'assemblée générale, après deux convocations, ne s'est pas réunie ou n'a pas procédé à l'élection, les syndics sont nommés par le préfet.

Tout électeur est éligible pourvu qu'il possède les minima de contenance ou de taxe stipulés à l'article 3.

ART. 7.

Renouvellements.

Le syndicat est renouvelé tous les trois ans, par tiers, à raison de trois membres tous les trois ans.

Lors des deux premiers renouvellements partiels, les membres sortants sont désignés par le sort : ils sont rééligibles et continuent leurs fonctions jusqu'à leur remplacement.

ART. 8.

Syndics suppléants.

Les syndics ne peuvent se faire représenter aux réunions du syndicat par des mandataires; pour les remplacer en cas d'absence, trois suppléants sont élus de la même manière et en même temps que les syndics titulaires.

ART. 9.

Remplacement des syndics démissionnaires ou décédés.

Dans le cas où l'un des syndics titulaires est démissionnaire ou vient à décéder, il est provisoirement remplacé par un syndic suppléant. L'assemblée générale, à sa première réunion, élit un nouveau syndic, mais seulement pour le temps pendant lequel le syndic remplacé devait conserver ses fonctions.

ART. 10.

Époques de réunion de l'assemblée générale.

Les réunions de l'assemblée générale ont lieu aux époques fixées par le syndicat.

Le préfet peut les prescrire d'office quand il le juge nécessaire, le syndicat entendu.

ART. 11.

Syndic-directeur et adjoint.

Le syndicat nomme dans son sein un directeur et, s'il y a lieu, un directeur adjoint. La durée de leurs fonctions est de trois ans. Ils sont rééligibles et leurs fonctions sont gratuites comme celles des syndics. Le directeur convoque et préside les assemblées générales. Il est chargé de la surveillance des intérêts de la communauté et de la conservation des plans, registres et autres papiers relatifs à l'association. L'inventaire de ces pièces est exactement tenu et le syndicat en fait le récolement et la vérification toutes les fois qu'il le juge convenable.

Le directeur représente l'association en justice tant en demandant qu'en défendant.

Art. 12.

Réunion du syndicat.

Le syndicat fixe le lieu de ses réunions. Il est convoqué et présidé par le directeur et, en cas d'empêchement, par le directeur adjoint. Il doit en outre se réunir toutes les fois que quatre de ses membres le demandent, ou qu'il en est requis directement par le préfet.

Les syndics suppléants sont toujours convoqués ; ils ont toujours voix consultative et ils ont voix délibérative seulement quand ils remplacent les syndics titulaires absents.

Art. 13.

Délibérations du syndicat.

Les délibérations sont prises à la majorité des voix des membres présents, chaque membre disposant de sa voix seulement ; en cas de partage, la voix du président est prépondérante.

Le syndicat ne peut délibérer qu'au nombre de sept membres; toutefois, lorsqu'après deux convocations faites par le directeur à huit jours d'intervalle et dûment constatées sur le registre des délibérations, les syndics ne se sont pas réunis en nombre suffisant, les délibérations prises à la troisième convocation sont valables quel que soit le nombre des membres présents.

Art. 14.

Absences.

Tout membre du syndicat qui, sans motif reconnu légitime, a manqué à trois convocations successives, peut être déclaré démissionnaire par le préfet, après une mise en demeure de fournir ses observations.

Art. 15.
Registre des délibérations.

Les délibérations sont inscrites par ordre de date sur un registre coté et paraphé par le directeur. Elles sont signées par tous les membres présents à la réunion ou mention est faite des motifs qui ont empêché ceux-ci de signer. Les délibérations du syndicat doivent être communiquées, sans que le registre puisse être déplacé, aux membres de l'association qui en font la demande.

Art. 16.
Mission du syndicat.

Le syndicat pourvoit aux moyens d'assurer l'exécution, l'entretien et la conservation des travaux d'endiguement de   , de curage, d'approfondissement, etc. Il est chargé notamment :

De faire rédiger les projets de ces travaux, de les arrêter et d'en déterminer le mode d'exécution sous réserve des pouvoirs généraux de l'administration ; de passer les marchés et les adjudications, de veiller à l'accomplissement de toutes leurs conditions ; de dresser l'état général des ... ns intéressés aux travaux, en divisant, s'il y a lieu, le territoire en plusieurs sections ; de fixer la part contributive de chaque propriétaire dans le paiement des dépenses ;

D'arrêter le plan de classement et les matrices des rôles, le tout sous la réserve exprimée à l'article 32 ci-après ;

D'arrêter les budgets annuels tant en recettes qu'en dépenses ;

De contracter les emprunts nécessaires à l'association (ces emprunts doivent être votés par l'assemblée générale et autorisés par l'administration ; toutefois le préfet pourra les approuver définitivement lorsqu'ils ne porteront pas à plus de   fr. la totalité des dettes de l'association) ;

D'autoriser toutes actions devant les tribunaux ;

De recevoir le compte administratif du directeur ;

De contrôler et vérifier la comptabilité du receveur de l'association ;

De déléguer pour la surveillance des travaux un ou plusieurs de ses membres qui assisteront le directeur et prendront avec lui toutes décisions utiles à l'exécution de ces travaux, dans les limites fixées par leurs pouvoirs ;

Enfin de donner son avis sur tous les intérêts de la communauté, lorsqu'il est consulté par l'administration, et de proposer tout ce qu'il croit utile aux propriétaires associés.

TITRE II.

TRAVAUX, EXÉCUTION ET PAIEMENT.

ART. 17.

Projets des travaux.

Les projets des travaux sont rédigés par les ingénieurs ou autres hommes de l'art, discutés et adoptés par le syndicat. Ils sont soumis à l'approbation du préfet, ou du ministre, lorsqu'il s'agit de travaux autres que ceux de simple entretien.

ART. 18.

Expropriations.

Dans le cas où il est nécessaire de recourir à l'expropriation, les travaux doivent être l'objet d'une instruction spéciale, afin d'en faire déclarer l'utilité publique et autoriser l'exécution par décret rendu en Conseil d'État.

Le syndicat doit en adresser les projets au préfet qui les transmet à l'administration supérieure avec l'avis des ingénieurs.

ART. 19.

Direction des travaux.

Les travaux sont dirigés et reçus par le directeur et le membre du syndicat délégué à cet effet, assistés des ingénieurs ou de leurs représentants qui, en cas de subvention de l'État, s'assurent que ces travaux sont conformes aux projets approuvés.

ART. 20.

Travaux urgents.

Les travaux d'urgence peuvent être exécutés immédiatement et d'office par ordre du directeur, qui est tenu d'en rendre compte sans retard au préfet. Ce magistrat peut suspendre l'exécution de ces travaux, après avoir pris l'avis du syndicat et de l'ingénieur en chef.

A défaut du directeur, le préfet peut faire constater l'urgence des travaux et ordonner, sur l'avis de l'ingénieur en chef, leur exécution immédiate.

ART. 21.

Paiements.

Les paiements d'acomptes pour les travaux exécutés sont effectués, en vertu de mandats du directeur, d'après les états de situation, décomptes, mémoires ou rôles dressés par les ingénieurs.

Pour le paiement de solde des travaux à l'entreprise, il doit être produit, en outre, un procès-verbal de réception définitive.

A défaut du directeur, le préfet peut délivrer des mandats, d'après les états de situation, décomptes, mémoires ou rôles, pour le paiement des dépenses faites d'office conformément à ses ordres.

Art. 22.

Compte des dépenses faites.

Dans le courant des deux premiers mois de l'année, le syndicat dépose pendant quinze jours, après publication, à la mairie de   , le compte des travaux exécutés pendant la campagne précédente, afin que les intéressés puissent présenter leurs observations.

Art. 23.

Préparation des budgets.

Dans le courant des mois d'août ou de septembre, le directeur, accompagné de l'ingénieur ou de son délégué, vérifie la situation de tous les ouvrages qui intéressent l'association et dresse, de concert avec lui, le projet de budget comprenant les travaux à exécuter et les dépenses à faire pour l'année suivante.

Ce projet est affiché, pendant 15 jours, à la mairie de chaque commune intéressée où il est ouvert un registre destiné à recevoir les observations des propriétaires. Il est ensuite présenté, avec ces observations, à la commission syndicale qui l'arrête après discussion.

TITRE III.

RÉPARTITION DES DÉPENSES.

Art. 21.

Bases de la répartition des taxes.

Les dépenses de l'association sont supportées par les propriétaires intéressés, de manière que la contribution de chaque imposé soit toujours proportionnée au degré d'intérêt qu'il a aux travaux ou dépenses. A cet effet le syndicat dresse, d'après ce principe un état de répartition des dépenses entre les intéressés. Cet état est déposé pendant un mois à la mairie de chaque commune où les intéressés sont admis à présenter leurs observations.

Le dépôt est annoncé par publications et affiches. Dans la huitaine de la clôture de cette enquête, le syndicat donne son avis sur les observations qui ont pû être produites, et l'état rectifié, s'il y a lieu, est soumis à l'approbation du préfet pour servir de base aux rôles à mettre en recouvrement.

TITRE IV.

COMPTABILITÉ ET RECOUVREMENT DES RÔLES.

ART. 25.

Receveur.

Le syndicat nomme un receveur pour le recouvrement des taxes ; ce receveur peut être un percepteur des contributions directes.

ART. 26.

Cautionnement et remises du receveur.

La quotité du cautionnement du receveur et celle de ses remises sont fixées par le syndicat.

ART. 27.

Préparation des rôles.

Les rôles sont dressés par le receveur d'après l'état de répartition arrêté conformément à l'article 24. Ils sont affichés à la porte de la mairie de chaque commune pendant 8 jours, rectifiés, s'il y a lieu, par le syndicat et rendus exécutoires par le préfet.

Le recouvrement en est fait comme en matière de contributions directes.

ART. 28.

Défaut de paiement.

Le receveur est responsable du défaut de paiement des taxes dans les délais fixés par les rôles, à moins qu'il ne justifie de poursuites faites contre les contribuables en retard.

Art. 29.

Paiements des mandats.

Le receveur acquitte les mandats délivrés par le directeur ou par le préfet conformément aux dispositions de l'article 21.

Il rend compte au syndicat, le 31 mars de chaque année, des recettes et dépenses qu'il a faites pendant l'exercice précédent. Il ne lui est pas tenu compte des paiements irrégulièrement faits.

Art. 30.

Vérification des comptes.

Le syndicat vérifie le compte annuel du receveur, l'arrête provisoirement et l'adresse au préfet pour être soumis au conseil de préfecture.

Art. 31.

Vérification de la caisse.

Le directeur vérifie, lorsqu'il le juge convenable, la situation de la caisse du receveur, qui est tenu de lui communiquer toutes les pièces de sa comptabilité.

TITRE V.

COMPÉTENCE.

Art. 32.

Jugement des contestations.

Les contestations relatives à la fixation du périmètre des terrains compris dans l'association, à la division des terrains en différentes classes, au classement des propriétés en raison de leur intérêt aux travaux, à la répartition et à la perception des taxes, à l'exécution des travaux, sont jugés par le conseil de préfecture, sauf recours au Conseil d'État. (Art. 16 de la loi du 21 juin 1865.)

ÉMISSION ET RÉPARTITION DES ROLES

L'an   et le   , la commission syndicale régulièrement convoquée s'est réunie à   , lieu ordinaire de ses séances. Étaient présents MM.   ; absents

Vu les matrices générales et syndicales qui fixent, pour l'exercice 18   , la somme des valeurs composées imposables dans les divers territoires de l'association ; attendu que pour fournir aux dépenses et besoins de l'exercice 18   , conformément aux prévisions du budget, il est nécessaire de mettre en recouvrement dans les territoires de   une somme de   y compris celle de   pour frais d'avertissement, à répartir comme dans le tableau ci-après, d'après un centime-le-franc de

NOMS des COMMUNES.	VALEURS composées.	COTISATIONS	FRAIS d'avertissements.	TOTAL par rive de chaque commune.	TOTAL par commune.

La commission est d'avis de mettre en recouvrement pour l'exercice 18   dans les territoires susindiqués des rôles distincts pour une somme de   et de répartir la somme de   pour frais d'avertissement, à raison de 10 centimes par avertissement.

(Signatures.)

Vu et approuvé :
Le Préfet,

SYNDICAT POUR TRAVAUX D'ART

ROLE DES COTISATIONS A PERCEVOIR

Commune de

Rôle pour la répartition des dépenses de l'année 18 , s'élevant à la somme de   fr.   c., savoir :

1° Montant des travaux exécutés en commun.
2° Frais de surveillance . . . .
3° Frais d'affiches et d'impressions . . . . .
4° Frais de confection du rôle . . . .
5°

                           Total . . . .

Frais de recouvrement à raison de 4 p. 100 .

                 Total à répartir . . . . .

Montant des travaux exécutés d'office . . . .
Frais de recouvrement de ces travaux . . .

                 Montant du rôle . . . .

Articles du rôle.	NOMS et prénoms des propriétaires	BASES DE COTISATION				COTISATION					EMARGEMENT.
		Longueur des propriétés en mètres.			Évaluation des propriétés suivant le classement.	à raison de		Frais d'exécution d'office	Totaux		
		Rive droite.	Rive gauche.	Total.		c. m. par mètre.	c. m. par franc.		en chiffres.	en toutes lettres.	

Certifié et arrêté par nous, syndics soussignés, le présent rôle dont le montant s'élève à la somme de

A   , le   18

                              (Signatures.)

Vu et rendu exécutoire le présent rôle s'élevant à la somme de   qui sera recouvrée en   sur les personnes y dénommées par le receveur de l'association.

                              Le Préfet,

SYNDICATS POUR TRAVAUX D'ART, DESSÉCHEMENT DE MARAIS

(¹) BUDGET DE L'ASSOCIATION SYNDICALE DE

Pour l'exercice 18

Titre Ier. — RECETTES.

N^{os} D'ORDRE.	NATURE des RECETTES.	RECETTES				OBSERVATIONS.
		Constatées au dernier compte	Proposées par le Directeur.	émises par la commission syndicale.	approuvées par le Préfet.	
	CHAPITRE Ier. *Recettes ordinaires.*					
1	Produits des biens-fonds.					
2	Intérêts des fonds placés au Trésor					
3	Produits des concessions d'eau en dehors de l'association.					
4	Cotisations annuelles . .					
5	Subvention de la commune.					
	. .					
	TOTAL des recettes ordinaires . . .					
	CHAPITRE II. *Recettes extraordinaires.*					
1	Aliénation de terrain . .					
2	Emprunt.					
	. .					
	TOTAL des recettes extraordinaires.					
	Récapitulation.					
	Recettes ordinaires. . .					
	Recettes extraordinaires.					
	TOTAL des recettes. .					

(1) S'il y a lieu de dresser un budget supplémentaire, on se conformera à ce qui se fait pour les communes pour le titre et les divisions de chapitres, et au présent modèle, pour les cadres de la recette et de la dépense.

Titre II. — DÉPENSES.

Nos D'ORDRE.	NATURE des DÉPENSES.	Dépenses constatées au dernier compte	CRÉDITS			OBSERVATIONS.
			Proposés par le Directeur.	Admis par la commission syndicale.	Approuvés par le Préfet.	
	CHAPITRE Ier. *Dépenses ordinaires.*					
1	Frais de bureau.					
2	Traitement du secrétaire.					
3	Remises du trésorier. . .					
4	Loyer et entret. du local.					
5	Contribution et taxes . .					
6	Entretien des travaux. .					
7	Honoraires de l'ingénieur					
8	Salaire du garde					
9	Dépenses imprévues . .					
	Total des dépenses ordinaires.					
	CHAPITRE II. *Dépenses extraordinaires.*					
1	Intérêts et rembourse-ment d'emprunt. . . .					
2	Constructions et travaux neufs.					
3	Acquisitions d'immeubles					
	Total des dépenses extraordinaires . .					
	Récapitulation.					
	Dépenses ordinaires. . .					
	Dépenses extraordinaires					
	Total général des dépenses.					

Récapitulation générale.			
Recettes ordinaires et extraordinaires.			
Dépenses ordinaires et extraordinaires.			
Résultat { en excédent . . . . / en déficit			

Le présent budget dressé et arrêté par nous, syndics administrateurs de l'association syndicale de

Fait à   , le   18   .

(Signatures.)

Vu par le Sous-Préfet de l'arrondissement qui propose d'approuver le budget ci-dessus.

A   , le   18   .

(Signature.)

Le Préfet de   approuve le budget de   savoir :
en recette pour   , en dépense pour
Fait à   , le   18   .

(Signature.)

ASSOCIATIONS SYNDICALES.

SYNDICAT
DE

—

COMMUNE

de

MUTATIONS POUR 18

Propriétaire { ancien (art. de la matrice générale. { folio de la matrice syndicale.
{ nouveau (art. de la matrice générale. { folio de la matrice syndicale.

CLASSES de dangers			ANNÉE de la mutation		INDICATION				CONTENANCE imposable		VA-LEUR par hec-tare.	VALEURS ou revenus		VALEURS IMPOSABLES				FOLIOS de la matrice d'où sont tirés et où sont passés les articles vendus ou acquis	
Corrosion.	Corrosion et submersion.	Assainissement.	Sortie.	Entrée.	de la section.	du numéro du plan.	des cantons ou lieux-dits.	de la nature de la propriété.	par par-celle.	Total.		par par-celle	Total.	composés par parcelle Corrosion et submersion.	Total.	composés par parcelle Assainisse-ment.	Total.	Tiré de	Passé à

Motifs de la mutation :

Parties requérantes :

Dressé par le soussigné

le   18 .

SYNDICAT POUR TRAVAUX D'ART

ÉTAT DE CLASSEMENT DES PROPRIÉTÉS

DÉSIGNÉES POUR CONCOURIR A LA DÉPENSE.

État de classement des parcelles désignées pour concourir aux frais de construction et d'entretien du canal d'irrigation de   , d'après les bases établies par l'article 1er de l'acte du   18   , qui constitue en syndicat les propriétaires de ces biens et arrête la classification suivante :

    1re classe, au tarif de   fr. l'hectare.
    2e classe, à celui de   fr.   —
    3e classe, à celui de   fr.   —

NOMS et prénoms des propriétaires au moment du classement.	INDICATIONS cadastrales		NATURE de clôture	CONTE-NANCE.	CLASSEMENT suivant		arrêté par le préfet	ÉVALUATION résultant du classement arrêté par le préfet.
	Section.	Numéros.			l'expert.	les syndics		
								Total..

Dressé et certifié par moi, soussigné, expert.
    A   ; le   18   .
                  (Signature.)

Vu, vérifié et rectifié par les syndics soussignés.
                  (Signatures.)

Nous, Préfet du département de   , arrêtons le présent état de classement à la somme de
    A   , le   18   .
                  Le Préfet,

DÉPARTEMENT

de

____

ARRONDISSEMENT

de

Digues

de

____

SYNDICAT

du

____

COMMUNE

de

____

Exercice 18   .

Le rôle a été publié

le   18   .

____

Centime le franc.

AVERTISSEMENT

Pour l'acquit d'un rôle de   voté
par délibération du   approuvé par M. le Préfet le

____

1° Si le contribuable ne réside pas dans
la commune, l'avertissement sera remis
à son principal fermier ;

2° Tout fermier ou locataire est tenu
de payer, à l'acquit du propriétaire, le
montant de la contribution des digues ;

3° Les contribuables devront représenter le présent avertissement à chaque
paiement qu'ils effectueront ;

4° Tout contribuable qui se croira sur-
taxé devra réclamer dans le délai de trois
mois, à dater de la publication du rôle.

____

ARTICLE N°

M.   , demeurant
à   , paiera, suivant le détail
ci-après :

BASES ET DÉTAIL DE LA CONTRIBUTION.	MONTANT de la COTE.
D'après une base de cotisation de pour la corrosion et la submersion paiera	
D'après une base de cotisation de pour l'assainissement paiera	
Plus pour frais d'avertissement	
SOMME TOTALE. . . .	

Conformément à l'arrêté d'homologation, cette somme est
exigible en entier en 18   , et par douzième, de mois en mois,
à courir du 1er janvier 18   .

Certifié à

Le Receveur du syndicat,

DÉPARTEMENT

d

—

PERCEPTION

d

OBSERVATION

*Pour les comptables ins-
tallés dans le cours
d'un exercice.*

Quand il y a eu muta-
tion de comptables dans
le cours d'un exercice,
le nouveau receveur doit
dresser le décompte de
ses remises sur la totalité
des recettes et des dé-
penses dudit exercice
comme s'il n'y avait eu
qu'un seul comptable,
et il n'a droit qu'au re-
liquat de remises résul-
tant dudit décompte
établi au taux des or-
donnances, sans distinc-
tion de gestion. (Instr.
gén., art. 1241.)

(1) Ajouter à la main
les autres articles à dé-
duire d'après les instructions.

(2) Ajouter à la main
les autres articles à dé-
duire d'après les instructions.

Syndicat d

d

—

ANNÉE-EXERCICE 189 .

Décompte des remises acquises au receveur à l'époque du

Recettes.

TOTAL des recettes effectuées depuis le commencement de l'année-exercice. . . . . .

A DÉDUIRE : les recettes sur lesquelles il n'est pas dû de remises, savoir :

Restitution de remises prises en trop à l'ex. précédent .

Encaissement d'emprunts. . . . . .

(1)

Reste donnant droit à des remises. . . . . (A)

Dépenses.

TOTAL des dépenses effectuées depuis le commencement de l'année-exercice. . . . . .

A DÉDUIRE : les dépenses sur lesquelles il n'est pas dû de remises, savoir :

Reliquat de remises prises en moins à l'ex. précédent. .

Remises sur remises comprises dans le dernier décompte du prédécesseur du comptable . . . .

Remboursement d'emprunts. . . .

(2)

Reste donnant droit à des remises. . . . . (B)

Calcul des remises d'après les bases fixées par les ordonnances des 17 avril et 23 mai 1839.

BASES DE LA DIVISION DES RECETTES ET DES DÉPENSES.	RECETTES donnant droit à des remises.	DÉPENSES donnant droit à des remises.	TOTAL.	TAUX des remises p. 100.	MONTANT des remises (1).	COLONNE réservée au Receveur des finances en cas de rectification.
1re catégorie. Jusqu'à 5,000 fr.				2 fr. »		
2e catégorie. 25,000 fr. suivants.				1 50		
3e catégorie. 70,000 fr. suivants.				» 75		
4e catégorie. 100,000 fr. jusqu'à 1,000,000.				» 35		
TOTAUX.	(A)	(B)				

A ajouter } le dixième, si l'administration a usé de la faculté d'élever (ou d'abaisser)
A déduire } les remises selon l'ordonnance du 17 avril 1839 . . . .

(1) Le receveur des finances ne changera rien dans la colonne intitulée : *Montant des remises.*

Dans le corps du décompte (pages 1 et 2) toutes les corrections nécessaires seront faites à l'encre rouge, de manière à laisser apparents et lisibles les chiffres et articles modifiés. Ensuite, on fera, dans la colonne intitulée : *Colonne réservée*, le calcul des remises d'après les rectifications.

Total (ou reste) . . . .

A déduire le montant des remises prélevées par décomptes antérieurs . . . .

Reste pour remises revenant au receveur. . .

A ajouter : Remises sur ce reste de remises, savoir :

A   p. 100 sur fr.   complétant la dépense de la   e catégorie .

35   p. 100 sur fr.   tombant dans la   e catégorie. . . . . .

Total . . .

Total des remises à porter en dépense. . . .

Dressé et certifié par le receveur soussigné le présent décompte s'élevant à la somme de
dont le receveur a fait dépense au compte de l'exercice 189
sous le n°   d'enregistrement au livre des comptes et
dont il passe quittance au syndicat.

Vu et approuvé :   *Le Receveur,*

Le Syndic-Directeur,

	N°
DU LIVRE DES MANDATS
tenu par le syndicat.

(2) Dire, selon le cas :

1er cas. Que ce décompte est juste ;

2e cas. Que le comptable n'avait droit qu'à fr.   au lieu de fr.

3e cas. Que le comptable aurait dû restituer et porter en recette pour remises, prises en trop antérieurement . . . . fr.
au lieu de cela, il a porté en dépense. . . . .

Total qu'il doit restituer .

4e cas. Que le comptable avait droit à fr.   et qu'il n'a porté en dépense que fr.

5e cas. Que le comptable aurait dû porter en dépense. . . fr.
au lieu de cela, il a restitué et porté en recette comme remises prises en trop antérieurement . . .

Total qu'il lui reste dû. .

Visa du Receveur des finances.

Le présent décompte a été vu et vérifié par nous, Receveur des finances de l'arrondissement de   qui avons reconnu, ainsi qu'il résulte des rectifications annotées par nous dans la dernière colonne du cadre ci-dessus :

Que (2)

En conséquence :
le comptable devra reverser sans retard et porter en recette pour erreurs commises au préjudice du syndicat de   la somme de fr.   au compte de l'exercice suivant, sous la désignation : *Redressement des remises du receveur de l'exercice 189* .

(Ou bien :) Le comptable devra se payer à lui-même, sans retard, et porter en dépense pour erreurs commises à son préjudice, la somme de fr.   au compte de l'exercice suivant, sous la désignation : *Redressement des remises du receveur de l'exercice 189* .

A   le   189 .

Le Receveur des finances,

DÉPARTEMENT

d

ARRONDISSEMENT

d

PERCEPTION

d

SYNDICAT

d

(1) Qui fixe les remises
du trésorier suivant le
tarif des ordonnances
des 17 avril et 23 mai
1839, à partir du
189 .
F.

AMPLIATION

De la décision préfectorale en date du
189 , portant
fixation des remises du trésorier du
Syndicat d

Nous, Préfet du département d
Vu la présente délibération, la loi du
4 pluviôse an VI et le décret du 13 avril
1861 ;
Vu l'avis du Trésorier-Payeur général ;
Arrêtons :
La délibération de la Société syndicale
d en date
du (1) est homologuée
pour être exécutée selon sa forme et
teneur.
A , le 189 .
Pour le Préfet :
Le Conseiller de Préfecture délégué,

Pour copie conforme :
Le Président du Syndicat d

Nota. — Les remises des percepteurs ou receveurs spéciaux chargés des fonctions de trésorier sont fixées par le préfet d'après l'avis de
la commission syndicale et du trésorier général,
suivant le tarif des ordonnances des 17 avril et
23 mai 1839, à moins de circonstances exceptionnelles nécessitant un taux différent pour
l'adoption duquel une décision ministérielle est
nécessaire. (Décret du 13 avril 1861, circ. compt.
publ. du 3 mai 1861.)

SYNDICAT d

État de l'impôt de 4 p. 100 sur le revenu et du droit de transfert à prélever sur les porteurs des obligations de l'emprunt de   pendant le   * semestre de 18   .

NOMS des porteurs.	SÉRIES des obligations.	NOMBRE de coupons.	MONTANT des coupons.	4 p. 100 et 0.20.	NET à payer.	OBSERVATIONS.
Totaux...						

Vu par nous,   du Syndicat,

Certifié exact :

Le   du Syndicat,

PONTS ET CHAUSSÉES

DÉPARTEMENT

de

ARRONDISSEMENT

de

M.

ingénieur ordinaire.

Année 18 .

Mois de

N°

du carnet du conducteur

SALAIRE DES GARDES

Syndicat

Décompte du salaire dû au garde ci-après dénommé pour le mois de 189 .

NOMS, PRÉNOMS et domicile des gardes.	SALAIRE mensuel.	INDEMNITÉS pour déplacements ou gratifications.	CONGÉS ou amendes.	RESTE à payer.	OBSERVATIONS.
		Total. . .			

Le présent décompte dressé par l'ingénieur des ponts et chaussées soussigné, qui certifie qu'il peut être payé au s^r , garde à sur les fonds du syndicat intéressé (Budget de l'exercice 189) la somme de

A , le 189 .

L'Ingénieur ordinaire,

Vu par l'ingénieur en chef.

Nᵒ

——

Syndicat

——

*Crédit de fr.
ouvert par le bud-
get pour*

MANDAT DE PAIEMENT.

——

Exercice 189   .

——

M. le Receveur du syndicat paiera la somme de fr.   au sieur   garde syndical, pour son traitement du mois d   de l'année 189   , ainsi qu'il résulte du décompte porté d'autre part.

Le présent mandat, dûment quittancé, sera alloué dans le compte de gestion du receveur du syndicat.

Fait à   , le   189   .

Le Syndic-directeur,

Pour acquit de la somme énoncée ci-dessus.

A   , le   189   .

TABLE DES MATIÈRES

———

TROISIÈME PARTIE.

QUESTIONS DIVERSES D'ADMINISTRATION DES SYNDICATS.

QUATRIÈME PARTIE.

RÉGIME FINANCIER DES ASSOCIATIONS SYNDICALES.

CINQUIÈME PARTIE.

FORMULES.

Nancy, Imprimerie Berger-Levrault et Cie.

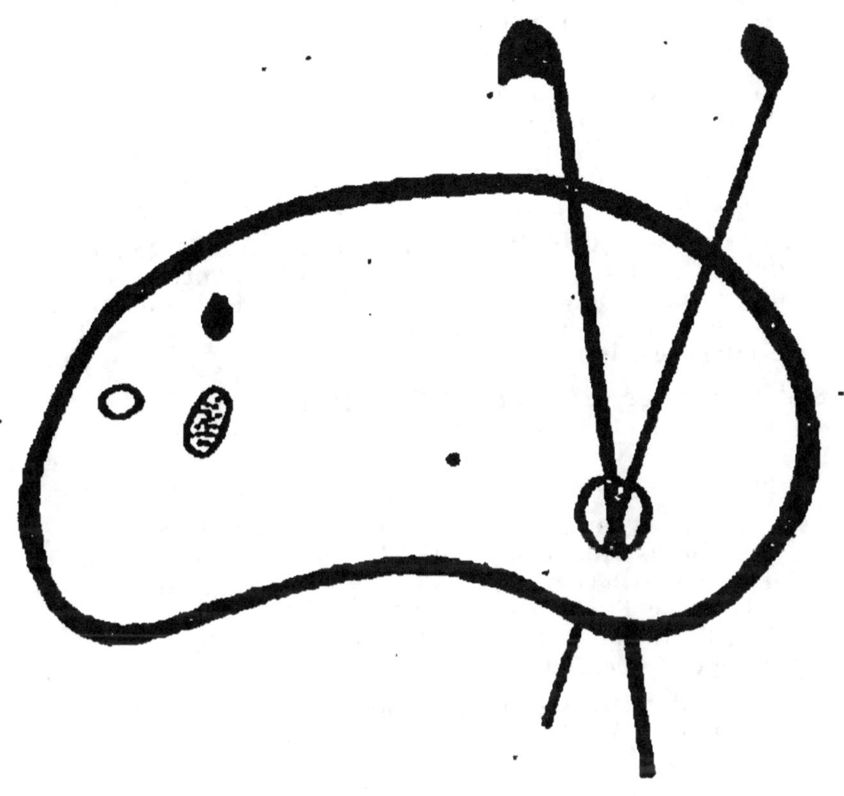

ORIGINAL EN COULEUR
NF Z 43-120-8